わかる算数科指導法

MATHEMATICS
METHOD
OF
INSTRUCTION

改訂版

赤井利行
編著

東洋館出版社

はじめに

　情報化やグローバル化といった社会的変化が人間の予測を超えて進展している状況を踏まえ，2017年3月に小学校学習指導要領が改訂され，2020年度に全面実施される。

　今回の学習指導要領改訂では，「資質・能力の育成」に向けて，算数科の目標として身に付けさせたい資質・能力の具体化が示された。また内容は，「知識・技能」と「思考力・判断力・表現力の具体化」が併記された。

　資質・能力の三つの柱は次の通りである。

① 「何を理解しているか，何ができるか（生きて働く「知識・技能」の獲得）」

② 「理解していること・できることをどう使うか（未知の状況にも対応できる「思考力・判断力・表現力等」の育成）」

③ 「どのように社会・世界と関わり，よりよい人生を送るか（学びを人生や社会に生かそうとする「学びに向かう力・人間性等」の涵養（かんよう））」

　この改訂を受けて，本書は，これから小学校教員になろうとしている学生や，現在実際に小学校で算数を指導している教員に算数教育の進む方向と指導内容の基礎・基本をまとめたものである。したがって，実際の教室での指導という観点から指導内容を示すだけでなく，その指導内容をどのように指導していくかという実践の観点からも記述したものである。同時に研究授業等の場面でも役立てることができるように教材研究の進め方や基本的な算数の用語についても解説を加えている。

　最後に，算数の時間が待ち遠しい算数好きな子どもが増えることに，本書が役立つことを期待している。

2018年2月
編著者　赤井利行

[目次]

はじめに ... 1

第1章 算数科の目標 ... 3

第1節 なぜ算数を学ぶか ... 4
第2節 学習指導要領と算数教育の目標 ... 17
第3節 数学的な見方・考え方 ... 28

第2章 算数科の内容 ... 37

第1節 整数と計算 ... 38
第2節 小数の計算 ... 51
第3節 分数の計算 ... 60
第4節 図形 ... 69
第5節 測定 ... 83
第6節 変化と関係 ... 94
第7節 データの活用 ... 105
第8節 数学的活動 ... 117

第3章 学習指導 ... 131

第1節 学習指導 ... 132
第2節 授業づくり ... 143
第3節 学習指導の実際 ... 154

資料 ... 169
　新学習指導要領（算数）等に関連する用語・記号 ... 170
　平成29年版小学校学習指導要領　第2章各教科第3節算数 ... 181
索引 ... 205
引用・参考文献 ... 209
執筆者一覧 ... 212

第 1 章

算数科の目標

第1節

なぜ算数を学ぶか

§1　算数科教育の目標

1．教科教育からの目標

　算数科教育の目標を教科，社会的環境及び個人という3つの観点から考察していく。

（1）実用的目標

　算数の学習で理解したことが，日常生活や社会生活の中で有用性をもつことである。「読み，書き，そろばん」に代表されるように，算数で学習した内容なくして，私たちの日常生活は送ることができない。駅に行って，切符を買うにしても駅名と運賃の数字を対応させて，切符を購入する必要がある。さらに，買い物をするにも，いくつ買うのか，およそいくらになるのかまさに概算をして，購入するのかしないのかを考えてから決定するのである。また，日常生活には役立たないような数学の内容も，生産活動の基盤である科学技術の根底をなすものである。

（2）文化的または教養的目標

　算数は，文学や芸術と同様に日常生活に直結するものではないが，素晴らしい文化に触れることで豊かな心になるなど心の潤いの源になるものである。電車の中で数パズルに熱中している人を見かけることがある。また，歴史的に見ると和算に興味をもつ人がいる。つまり，何も直接的に日常生活に直結するものばかりではなく，人間の本来もっている知的好奇心を喚

起するものとして算数・数学が存在するのである。
（3）陶冶的目標
　陶冶とは，人間の精神を調和的に発展させることであり，算数教育において，精神的，知的能力の向上を図ることである。

　また，算数の計算や作図などの知識・技能を身に付けるような教育を実質陶冶的といい，数学的な考え方や態度などを伸ばす教育は形式陶冶的といえる。そして，数学的な考え方などの思考力を重視するならば，そういう力を伸ばす指導を意識的に行う必要がある。

2. 社会的環境からの目標
　子どもを取り巻く社会的環境は，その時代において大きく変化してくる。例えば，第二次世界大戦後であれば，民主主義社会の実現へ向けた教育ということから，教育内容の水準を落としてでも生活単元学習が要請されたのである。一方，数学教育の現代化のようにスプートニックショックに代表される科学技術の振興ということから，数学的内容の高度化が要請されたのである。また，いじめや落ちこぼれ問題に代表される「学校教育の荒廃」から，指導内容を減少させて指導時間を増加させるという「ゆとりのある教育」が要請されたのである。このように，教育はその時代の社会的要請を色濃く反映するのである。

3. 個人的資質からの目標
　子どもに求められる資質は，その指導内容よりも指導方法により求められる。例えば，民主主義社会の実現に向けて数学そのものを中心に据えた学習よりも数学を使って考えるという教育が求められたのである。また，多くの知識を吸収させるよりも，ゆとりをもって考え算数のもつ楽しさを実感させる指導が求められたのである。また，今日ではグラフや表の読解を中心とした活用力の育成が要請されているのである。

第1章 算数科の目標

§2 算数科教育の目標の変遷

明治時代から今日までの算数科教育の変遷を，目標を中心に概観していく。

1. 明治から第二次世界大戦まで
(1) 学制の公布

江戸時代は寺子屋に代表される「読み，書き，そろばん」といわれるそろばんの指導が主に目的とされていた。明治5年の学制公布とともに，それまでの和算に代わって洋算が取り入れられる変化が生じた。また，明治24（1891）年の「小学校教則大綱」は算術の目標を次のように規定した。

> 算術ハ日常ノ計算ニ習熟セシメ，兼ネテ思想ヲ精密ニシ，傍ラ生業上有益ナル知識ヲ与フルヲ以テ要旨トス

これは，生活上必要とする計算に習熟すること，思考を精密にすること，度量衡，貨幣など仕事に有益なことを含むなどの目標が示されたのである。

(2) 黒表紙教科書

明治33（1900）年の小学校令改正に伴い，「小学校令施行規則」で，算術の目標が次のように定められた。

> 算術ハ日常ノ計算ニ習熟セシメ，生活上必須ナル知識ヲ与ヘ，兼ネテ思考ヲ精確ナラシムルヲ以テ要旨トス

小学校の教科書は，明治38（1905）年に，最初の国定教科書「尋常小学算術書」が発行された。この教科書は，その表紙が黒色だったことから「黒表紙教科書」と呼ばれた。また，途中改訂が行われているものの「緑

表紙教科書」が現れるまで使用されたのである。この「黒表紙教科書」は藤沢利喜太郎が，算術の価値をその実用性に重きをおき編纂したものである。

(3) 緑表紙教科書

　大正時代の新教育思想の普及と世界的な数学教育改良運動の下，新しい国定教科書「尋常小学算術」が編纂され，昭和10（1935）年の第1学年用から毎年学年を追って発行された。この教科書は，表紙が緑色であったことから「緑表紙教科書」と呼ばれている。緑表紙教科書の教師用書の凡例に次のような編纂趣旨が示されている。

> 尋常小學算術ハ，児童ノ数理思想ヲ開発シ，日常生活ヲ数理的ニ正シクスルヨウニ指導スルコトニ主意ヲオイテ編纂シテアル。

　この緑表紙教科書は，当時文部省の担当官であった塩野直道が中心となり編纂されたもので，算術教育の目的を「数理思想の開発」と「日常生活を正しくする指導」という2点としたものである。
　「算術教科書の基本精神は
　　数理思想を開発すること
　　日常生活を数理的に正しくするように指導すること
のよって来たれる所である」とし，数理思想の開発を次のように解釈すべきとしている。
　「（1）数理を愛好し，これを追求し，把握して深い喜びを感ずる心。
　（2）現象を数理的に観察し解釈せんとする心。
　（3）実際生活を数理的に正しくなさんとする精神的傾向。」
　そして，この緑表紙教科書は，数・量・図形にかかわるものなど幅広く取り上げ，児童用の絵などが工夫して示され，それを基にした指導を求めているのである。

（4）青色表紙教科書

　昭和16（1941）年の「国民学校令施行規則」で，理数科算数の目標を次のように述べている。国民学校初等科では，理数科として算数と理科が置かれ，これまでの算術科が理数科算数と名称が変更された。

> 理数科算数ハ数・量・形ニ関シ国民生活ニ須要ナル普通ノ知識技能ヲ得シメ数理的処理ニ習熟セシメ数理思想ヲ涵養スルモノトス

　理数科算数では，緑表紙教科書と同様に，数理思想の涵養を目的としている。教科書も昭和16（1941）年から「カズノホン」（1，2年用）「初等科算数」（3，4，5，6年用）が使用された。この教科書は表紙が青色であることから「青表紙教科書」と呼ばれた。

2. 学習指導要領の出現　昭和22（1947）年版学習指導要領（試案）

　第二次世界大戦後，連合国軍総司令部（GHQ）の下，米国教育使節団などの訪日などもあり，日本国憲法の下に教育基本法が制定され，新制中学校が義務教育になるなど大きな教育制度の改革に迫られた。同時に，国が教育課程を示すものとして，「学習指導要領（試案）」が示された。算数科の目的（中学校数学科の目的も含めたものである）は，次のように示されている。

> 　小学校における算数科，中学校における数学科の目的は，日常の色々な現象に即して，数・量・形の観念を明らかにし，現象を考察処理する能力と，科学的な生活態度を養うことである。

　そして，この目標を具体的に考えるとして，20項目示している。例えば，「1　数と物とを対応させる能力を養い，数える技能の向上を図ること。」

第 1 節　なぜ算数を学ぶか

表 1-1-1

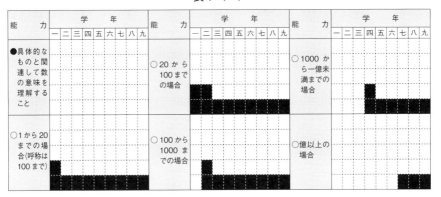

　この学習指導要領の特色として，目的を達成するために付けたい諸能力を子どもの発達程度に応じ，示した「能力表」が記載されている。●の項目をさらに細かくしたものが○の項目である。

　そして，我が国の実情に合わせ，翌年の昭和 23（1948）年に，「算数・数学科指導内容一覧表」（算数・数学科学習指導要領改訂）という形が示された。

3. 生活単元学習　昭和 26（1951）年版学習指導要領

　社会科や理科などを中心教科とし，算数科や国語科などは学習のための用具教科と位置付けられ，軽視される傾向にあった。「小学校学習指導要領算数科編（試案）」が，317 ページの分厚い内容であり，「算数の目標」「指導内容」「指導方法」「評価」について述べるなどの特色がある。

> （1）算数を，学校内外の社会生活において，有効に用いるのに役立つ，豊かな経験をもたせるとともに，物事を，数量関係からみて，考察処理する能力を伸ばし，算数を用いて，めいめいの思考や行為を改善し続けてやまない傾向を伸ばす。

> （2）数学的な内容についての理解を伸ばし，これを用いて数量関係を考察または処理する能力を伸ばすとともに，さらに，数量関係をいっそう手ぎわよく処理しようとして，くふうする傾向を伸ばす。

　指導内容として，かけ算九九が第3学年で扱われるなど，緑表紙や青表紙教科書と比較して指導内容の水準の低下が見られた。

4. 系統学習　昭和33（1958）年版学習指導要領

　経験重視の考え方と指導内容の水準低下に対する批判や科学技術の進展に対応して，「小学校学習指導要領」が基礎学力の向上と系統学習による指導効率の向上を目指し，「(試案)」でなく，文部省告示として示された。

> 1　数量や図形に関する基礎的な概念や原理を理解させ，より進んだ数学的な考え方や処理のしかたを生み出すことができるようにする。
> 2　数量や図形に関する基礎的な知識の習得と基礎的な技能の習熟を図り，目的に応じ，それらが的確かつ能率的に用いられるようにする。
> 3　数学的な用語や記号を用いることの意義について理解させ，具体的なことがらや関係を，用語や記号を用いて，簡潔・明確に表したり考えたりすることができるようにする。
> 4　数量的なことがらや関係について，適切な見通しを立てたり筋道を立てて考えたりする能力を伸ばし，ものごとをいっそう自主的，合理的に処理することができるようにする。
> 5　数学的な考え方や処理のしかたを，進んで日常の生活に生かす態度を伸ばす。

　算数科の目標に「数学的な考え方」という用語を用いてその育成を重視した。この数学的な考え方の育成は，現在も算数教育の中心的なねらいとして位置付いている。この改訂で，指導内容を「A数と計算」「B量と測定」「C図形」「D数量関係」の4つの内容で示した。また，「D数量関係」の表・グラフを第3学年から，割合を第4学年からというように指導内容の水準

の向上が見られた。

5. 数学教育の現代化　昭和43（1968）年版学習指導要領

　1957年のソビエトのスプートニック打ち上げを契機としたスプートニックショックによる世界的な規模での数学教育の現代化が展開された。算数・数学教育でも集合論に代表される現代数学のアイデアや手法を取り入れた教育の改革であり，アメリカのSMSG，イギリスのSMPによる教科書などが多数出版された。また，小学校算数科の教科書も集合や確率，関数の考えなどを取り入れた内容に改訂された。

　算数科の目標は総括目標とそれに続く4つの具体的目標で示された。

> 　日常の事象を数理的にとらえ，筋道を立てて考え，統合的，発展的に考察し，処理する能力と態度を育てる。
> 　このため，
> 1　数量や図形に関する基礎的な概念や原理を理解させ，より進んだ数学的な考え方や処理のしかたを生み出すことができるようにする。
> 2　数量や図形に関する基礎的な知識の習得と基礎的な技能の習熟を図り，それらが的確かつ能率よく用いられるようにする。
> 3　数学的な用語や記号を用いることの意義について理解させ，それらを用いて，簡潔，明確に表したり考えたりすることができるようにする。
> 4　事象の考察に際して，数量的な観点から，適切な見通しをもち，筋道を立てて考えるとともに，目的に照らして結果を検討し処理することができるようにする。

　指導内容の面で，小学校で分数の四則計算が完成されること，不等号が第2学年で導入されること，「集合の考え方」や数直線と関連して「負の数」を扱うことなど新しい概念を導入するなどの変更がなされた。

6. 基礎・基本の重視と内容の精選　昭和52（1977）年版学習指導要領

　急激な数学教育の現代化の反省と，社会的にも安定成長の時代になり，

「ゆとりと充実」の教育を目指した。

> 数量や図形について基礎的な知識と技能を身に付け，日常の事象を数理的にとらえ，筋道を立てて考え，処理する能力と態度を育てる。

内容については，基本的な内容に重点をおき，できる限り精選し，具体的には，集合に関する内容などが削除された。そして，精選された内容を効果的に指導するために，その内容を重点的に配当するように指導された。

また，第1学年と第2学年では授業時数の増加が見られ，指導に当たって従前よりも操作的な活動を多く取り入れ，基礎的な知識の習得と基礎的な技能の習熟を重視する指導の工夫が求められたのである。

7. 新しい学力観　平成元（1989）年版学習指導要領

情報化などの社会的変化と急速な発展の下，「子どもたちが自ら考え，社会の変化に対応できる能力の育成」という新しい学力観に立って，「小学校学習指導要領」が改訂された。

> 数量や図形についての基礎的な知識と技能を身に付け，日常の事象について見通しをもち筋道を立てて考える能力を育てるとともに，数理的な処理のよさが分かり，進んで生活に生かそうとする態度を育てる。

論理的な思考力や直感力の育成を重視する視点から，見通しをもち筋道を立てて考え，数理的に処理する能力と態度の育成を充実すること，基本的な概念及び原理・法則の理解と基礎的な技能の習熟を図るとともにそれらを活用できること，数理的な考察処理の簡潔さ，明瞭さ，的確さなどのよさがわかるようにすることなど，新しく「よさ」を強調し，算数を意欲的に学習する態度を求めている。さらに，数量や図形についての感覚を豊

かにすること，具体的な操作や思考実験などの活動を設けることなど，体験的な活動を重視するとともに，子どもの興味や関心を生かし，自主的，自発的な学習を促すことが求められた。また，自他の個性を知り，自他の個性を尊重し，自他の個性を生かすという方向から，個に応じた指導などの指導方法の工夫改善が求められたのである。

8. 生きる力と内容の厳選　平成 10（1998）年版学習指導要領

　3 年生以上の学年に「総合的な学習の時間」が新設される一方，学校完全週 5 日制の実施に当たり，各教科では，時間数の削減に伴い内容も大幅に削減された。その結果「合同」「線対称・点対称」「拡大図・縮図」などが中学校に，「倍数・約数」が第 5 学年から第 6 学年に移動した。

> 　数量や図形についての算数的活動を通して，基礎的な知識と技能を身に付け，日常の事象について見通しをもち筋道を立てて考える能力を育てるとともに，活動の楽しさや数理的な処理のよさに気付き，進んで生活に生かそうとする態度を育てる。

　改善の具体的事項として，はじめに教育内容の厳選を挙げている。時間数の縮減よりも多くの内容を厳選することによって，算数では概ね 3 割の内容が縮減され，子どもは算数にじっくり取り組めるようになり，時間的，精神的にもゆとりをもって学習でき，そのことから学ぶことの楽しさも味わえるようになるといえるのである。

　また，算数的活動という言葉が登場し，「数量や図形についての算数的活動を通して，…」とあるように，「算数的活動」は，児童が目的意識をもって取り組む算数にかかわりのある様々な活動を意味しており，作業的・体験的な活動など手や身体を使った外的な活動を主とするものがある。また，広く捉えれば，思考活動などの内的な活動を主とするものも含まれるとい

う立場に立った内容である。ここで示された算数的活動は，次の8種類の例がある。

「作業的な算数的活動」「体験的な算数的活動」「具体物を用いた算数的活動」「調査的な算数的活動」「探究的な算数的活動」「発展的な算数的活動」「応用的な算数的活動」「総合的な算数的活動」

「活動の楽しさや数理的な処理のよさに気付き」という部分は，IEA（国際教育到達度評価学会）の比較調査で算数が好きだという子どもの割合が国際的に見ると日本は低いという結果から，これからの算数教育において，子どもが算数は楽しい，算数はおもしろい，算数は素晴らしいと感じてくれるようにするという算数科における情意面にかかわる目標として，入ったものである。ここでの活動は，算数的活動を意味している。実際の数や量の大きさを確かめたりするなどの体験的な活動，九九表に潜むきまりを発見するなどの探究的な活動などを通して，子どもが活動の楽しさに気付き，主体的に学習に取り組むことを願ったのである。

9. 理数教育の充実　平成20（2008）年版学習指導要領

前回の学習指導要領の改訂は，知識は日進月歩であり，競争と技術革新が絶え間なく生まれる「知識基盤社会」の時代にあって，理数教育の教育課程の国際的通用性が重視されている中で行われた。

> 算数的活動を通して，数量や図形についての基礎的・基本的な知識及び技能を身に付け，日常の事象について見通しをもち筋道を立てて考え，表現する能力を育てるとともに，算数的活動の楽しさや数理的な処理のよさに気付き，進んで生活や学習に活用しようとする態度を育てる。

前回の改訂で充実すべき重要事項は，科学技術の土台である理数教育の充実である。理数教育の国際的な通用性から指導内容の充実のために授業

表1-1-2：学習指導要領告示後の各学年の算数の週当たりの指導時数の変遷
(単位：時)

改訂年度	1年	2年	3年	4年	5年	6年	計
昭和33（1958）年	3	4	5	6	6	6	30
昭和43（1968）年	3	4	5	6	6	6	30
昭和52（1977）年	4	5	5	5	5	5	29
平成元（1989）年	4	5	5	5	5	5	29
平成10（1998）年	3.4	4.4	4.3	4.3	4.3	4.3	25
平成20（2008）年	4	5	5	5	5	5	29
平成29（2017）年	4	5	5	5	5	5	29

時数を増加させること。基礎的・基本的な知識・技能の確実な定着のための反復（スパイラル）による教育課程を編成すること。思考力・表現力等の育成のための観察・実験やレポートの作成，論述，数量や図形に関する知識・技能を実際の場面で活用する活動を行うことが求められている。

10. 資質・能力の育成　平成29（2017）年版学習指導要領

　今回の学習指導要領の改訂は，近年，知識・情報・技術をめぐる変化の速さが加速度的になり，人工知能や情報化といった社会的変化が，人間の予測を超えて進展する中で行われたものである。そして，資質・能力の三つの柱を基に算数科の目標と内容構成の改善を進めたものである。

　従来の算数的活動は数学的活動とし，数学的な見方・考え方を働かせ，数学的活動を通して，数学的に考える資質・能力を次のとおり育成することを目指す。

（1）数量や図形などについての基礎的・基本的な概念や性質などを理解するとともに，日常の事象を数理的に処理する技能を身に付けるようにする。

（2）日常の事象を数理的に捉え見通しをもち筋道を立てて考察する力，

基礎的・基本的な数量や図形の性質などを見いだし統合的・発展的に考察する力，数学的な表現を用いて事象を簡潔・明瞭・的確に表したり目的に応じて柔軟に表したりする力を養う。
（3）数学的活動の楽しさや数学のよさに気付き，学習を振り返ってよりよく問題解決しようとする態度，算数で学んだことを生活や学習に活用しようとする態度を養う。

今回の改訂では，中央教育審議会答申でも次のように，資質・能力を育成する学びの過程として，日常生活や社会の事象を数理的に捉え，問題解決の過程を展開していくことを重視しているのである。

「資質・能力を育成していくためには，学習過程の果たす役割が極めて重要である。算数・数学科においては，『事象を数理的に捉え，数学の問題を見いだし，問題を自立的，協働的に解決し，解決過程を振り返って概念を形成したり体系化したりする過程』といった数学的に解決する過程が重要である。」

この数学的に解決する過程を日常生活や社会の事象を数理的に捉えたり，数学の事象を問題として設定したりする問題解決の2つのサイクルの重要性を述べている。

[レポート課題]
1．生活単元学習を調べ，現在の資質・能力の育成との違いを考察しなさい。
2．数学教育現代化を調べ，現在の学習指導要領への影響を考察しなさい。

第2節
学習指導要領と算数教育の目標

§1 算数科改訂の基本方針

1. 改訂の経緯

　平成26年11月に，中央教育審議会に諮問が行われ，平成28年12月に「幼稚園，小学校，中学校，高等学校及び特別支援学校の学習指導要領等の改善及び必要な方策等について（答申）」（以下「中央教育審議会答申」という。）が示された。中央教育審議会答申においては，"よりよい学校教育を通じてよりよい社会を創る"という目標を学校と社会が共有し，連携・協働しながら，新しい時代に求められる資質・能力を子どもたちに育む「社会に開かれた教育課程」の実現を目指し，次の6点にわたってその枠組みを改善するとともに，各学校において教育課程を軸に学校教育の改善・充実の好循環を生み出す「カリキュラム・マネジメント」の実現を目指すことなどが求められた。

① 「何ができるようになるか」（育成を目指す資質・能力）
② 「何を学ぶか」（教科等を学ぶ意義と，教科等間・学校段階間のつながりを踏まえた教育課程の編成）
③ 「どのように学ぶか」（各教科等の指導計画の作成と実施，学習・指導の改善・充実）
④ 「子供一人一人の発達をどのように支援するか」（子供の発達を踏まえた指導）

第 1 章 算数科の目標

⑤「何が身に付いたか」(学習評価の充実)
⑥「実施するために何が必要か」(学習指導要領等の理念を実現するために必要な方策)

今回の改訂は中央教育審議会答申を踏まえ,「**育成を目指す資質・能力の明確化**」「**『主体的・対話的で深い学び』の実現に向けた授業改善の推進**」「**各学校におけるカリキュラム・マネジメントの推進**」の3つの方向で進められた。

(1) 育成を目指す資質・能力

資質・能力の育成については,これまでも長年にわたり学校教育が言語活動を基に育成を目指してきた「生きる力」であることを改めて捉え直し,進めていくことが必要である。

「教育課程全体を通して育成を目指す資質・能力を,ア「何を理解しているか,何ができるか(生きて働く「知識・技能」の習得)」,イ「理解していること・できることをどう使うか(未知の状況にも対応できる「思考力・判断力・表現力等」の育成)」,ウ「どのように社会・世界と関わり,よりよい人生を送るか(学びを人生や社会に生かそうとする「学びに向かう力・人間性等」の涵養)」の三つの柱に整理するとともに,各教科の目

標や内容についても，この三つの柱に基づく再整理が行われた。」
（2）主体的・対話的で深い学び
「単元など内容や時間のまとまりを見通して，その中で育む資質・能力の育成に向けて，数学的活動を通して，児童の主体的・対話的で深い学びの実現を図るようにすること。その際，数学的な見方・考え方を働かせながら，日常の事象を数理的に捉え，算数の問題を見いだし，問題を自立的，協働的に解決し，学習の過程を振り返り，概念を形成するなどの学習の充実を図ること。」

これは，児童が見いだした問題に，主体的に関わり，考え，友達と話し合って解決していく過程を重視したものである。

（3）カリキュラム・マネジメント
「学習の基盤や現代的な諸課題に対応して求められる資質・能力の育成のためには，教科横断的な学習を充実することや，『主体的・対話的で深い学び』の実現に向けた授業改善を単元や題材など内容や時間のまとまりを見通して行うことが求められる。これらの取組の実現のためには，学校全体として，児童生徒や学校，地域の実態を適切に把握し，教育内容や時間の配分，必要な人的・物的体制の確保，教育課程の実施状況に基づく改善などを通して，教育活動の質を向上させ，学習の効果の最大化を図るカリキュラム・マネジメントに努めることが求められる。」

学校教育目標の達成を目指し，地域の協力を仰ぎ，教育課程の推進に向けて，算数科だけでなく教科横断的に計画を立て，児童を育成していくことを目指しているのである。

中央教育審議会答申で示された具体的な改善事項に次のようなものがある。

「算数科の目標の改善
　①目標の示し方
　　「知識及び技能」，「思考力，判断力，表現力等」，「学びに向かう力，

人間性等」の三つの柱で整理して示された。
②算数科の学習における「数学的な見方・考え方」
　事象を数量や図形及びそれらの関係などに着目して捉え，根拠を基に筋道を立てて考え，統合的・発展的に考えることと示された。
③算数科の学びの過程としての数学的活動の充実
　事象を数理的に捉え，数学の問題を見いだし，問題を自立的，協働的に解決し，解決過程を振り返って概念を形成したり体系化したりする過程といった数学的に問題解決する過程が重要である。
算数科の内容構成の改善
　①改善の方向性
　　指導事項のまとまりごとに，知識及び技能と思考力，判断力，表現力等を分けて示されている。
　②指導内容の充実
　　引き続き，数や式，表，グラフといった数学的な表現を用いて，筋道を立てて考え表現したりすることを重視した。また，統計的な内容については，連続データの取り扱いを充実させている。さらに，プログラミング教育についても内容の取扱いで触れている。」

§2　算数科改訂の要点

1. 改訂の方向性

　今回の改訂の方向性について，中央教育審議会答申及び学習指導要領の解説で，次のように示された。

(1) 主体的・対話的で深い学び

　学習指導要領の解説の第4章「1指導計画作成上の配慮事項」に「主体的・対話的で深い学び」の実現に向けた授業改善が次のように示されている。

「算数科では，児童自らが，問題の解決に向けて見通しをもち，粘り強く取り組み，問題解決の過程を振り返り，よりよく解決したり，新たな問いを見いだしたりするなどの『主体的な学び』を実現することが求められる。

　また，数学的な表現を柔軟に用いて表現し，それを用いて筋道を立てて説明し合うことで新しい考えを理解したり，それぞれの考えのよさや事柄の本質について話し合うことでよりよい考えに高めたり，事柄の本質を明らかにしたりするなど，自らの考えや集団の考えを広げ深める『対話的な学び』を実現することが求められる。

　さらに，日常の事象や数学の事象について，『数学的な見方・考え方』を働かせ，数学的活動を通して，問題を解決するよりよい方法を見いだしたり，意味の理解を深めたり，概念を形成したりするなど，新たな知識・技能を見いだしたり，それらと既習の知識と統合したりして思考や態度が変容する『深い学び』を実現することが求められる。」

　問題解決のサイクルの過程で，児童自らが解決したい問題を見いだすことがある。そして，自分なりの解をもち，友達と話し合い，解を修正し，新たな解を見いだすのである。そして，その過程及び結果を振り返ることが「深い学び」を生み出すのである。

(2) 数学的な見方・考え方

　中央教育審議会答申において，「数学的な見方・考え方」について，次のように示されている。

「○　算数科・数学科の学習においては，『数学的な見方・考え方』を働かせながら，知識・技能を習得したり，習得した知識・技能を活用して探究したりすることにより，生きて働く知識となり，技能の習熟・熟達にもつながるとともに，より広い領域や複雑な事象を基に思考・判断・表現できる力が育成される。このような学習を通じて，「数学的な見方・考え方」が更に豊かで確かなものとなっていくと考えられる。

○また，算数科・数学科において育成を目指す「学びに向かう力・人間性

等」についても,「数学的な見方・考え方」を通して社会や世界にどのように関わっていくかが大きく作用しており,『数学的な見方・考え方』は資質・能力の三つの柱である『知識及び技能』,『思考力,判断力,表現力等』,『学びに向かう力・人間性等』の全てに働くものである。
○「数学的な見方・考え方」のうち,『数学的な見方』については,事象を数量や図形及びそれらの関係についての概念等に着目してその特徴や本質を捉えることであると整理することができる。
○また,『数学的な見方・考え方』のうち,『数学的な考え方』については,目的に応じて数・式,図,表,グラフ等を活用し,論理的に考え,問題解決の過程を振り返るなどして既習の知識・技能等を関連付けながら統合的・発展的に考えることであると整理することができる。」
「数学的な見方・考え方」については,「主体的・対話的で深い学び」の学びの過程を通し,統合的・発展的に考え,一層「数学的な見方・考え方」を豊かにする原動力である。

(3) 数学的活動

　従来の算数的活動は数学的活動とし,目標の中で「数学的活動を通して,数学的に考える資質・能力を育成することを目指す」と,示した。

　そして,算数科の学びの過程としての数学的活動は,中央教育審議会答申で示された図のように,「日常生活や社会の事象を数理的に捉え,数学的に表現・処理し,問題を解決し,解決過程を振り返り得られた結果の意味を考察する,という問題解決の過程」と,「数学の事象について統合的・発展的に捉えて新たな問題を設定し,数学的に処理し,問題を解決し,解決過程を振り返って概念を形成したり体系化したりする,という問題解決の過程」の,2つの過程が相互に関わり合って展開する。さらに3つのポイントが示されている。

　・各場面で言語活動を充実
　・これらの過程は,自立的に,時に協働的に行い,それぞれに主体的に

第2節　学習指導要領と算数教育の目標

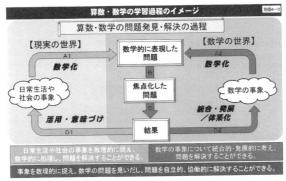

取り組めるようにする。
・それぞれの過程を振り返り，評価・改善することができるようにする。

　数学的活動を通して，知識及び技能として習得する具体的な内容は，小学校段階では，日常生活に深く関わり，日常生活の場面を数理化して捉える程度の内容が多い。

　数学的活動が算数教育における目標，内容，方法であることを押さえておく必要がある。

　そして，高学年の数学的活動の枠組みが，中学校第1学年の枠組みと連続性をもたせていることに着目する必要がある。

2．算数科の目標

> 　数学的な見方・考え方を働かせ，数学的活動を通して，数学的に考える資質・能力を次のとおり育成することを目指す。
> （1）数量や図形などについての基礎的・基本的な概念や性質などを理解するとともに，日常の事象を数理的に処理する技能を身に付けるようにする。
> （2）日常の事象を数理的に捉え見通しをもち筋道を立てて考察する力，基礎的・基本的な数量や図形の性質などを見いだし統合的・発展的に考察する力，数学的な表現を用いて事象を簡潔・明瞭・的確に表したり目的に応じて柔軟に表したりする力を養う。

> （3）数学的活動の楽しさや数学のよさに気付き，学習を振り返ってよりよく問題解決しようとする態度，算数で学んだことを生活や学習に活用しようとする態度を養う。

今回の改訂を通して，算数科の目標は目指す資質・能力の三つの柱で整理されている。また，指導内容については，資質・能力の三つの柱に沿って，指導事項のまとまりごとに，「知識及び技能」，「思考力，判断力，表現力等」に，分けて示された。「学びに向かう力・人間性等」は，算数科の目標及び学年目標において，まとめて示されている。

さらに，指導事項のまとまりについても，数学的な見方・考え方や育成を目指す資質・能力に基づき，「A数と計算」，「B図形」，「C測定」，「C変化と関係」，「Dデータの活用」の5つの領域とした。下学年は「A数と計算」，「B図形」，「C測定」，「Dデータの活用」の4つの領域とし，上学年は「A数と計算」，「B図形」，「C変化と関係」，「Dデータの活用」の4つの領域としている。

従来，算数的活動は内容ごとに具体的に示していたが，今回，問題発見・解決の過程として数学的活動と位置付けられている。

① 「数学的な見方・考え方を働かせ」について

「『数学的な見方・考え方』についてはこれまでの学習指導要領の中で，教科目標に位置付けられたり，評価の観点名として用いられたりしてきた。今回，小学校算数科において育成を目指す資質・能力の三つの柱を明確化したことにより『数学的な見方・考え方』は，算数の学習において，どのような視点で物事を捉え，どのような考え方で思考をしていくのかという，物事の特徴や本質を捉える視点や，思考の進め方や方向性を意味することとなった。」

これまで「数学的な見方・考え方」は，算数の学習において，ひとまとまりの考え方として考えられてきたものが，2つに分けて考える方向が示された。「数学的な見方」は事象や関係の本質を捉える考え方である。また，

「数学的な考え方」は，目的に応じて数学的に考えることである。
② 「数学的活動を通して」について
「数学的活動とは，事象を数理的に捉えて，問題を見いだし，算数の問題を自立的，協働的に解決する過程を遂行することである。数学的活動においては，単に問題を解決することのみならず，問題解決の結果や過程を振り返って，得られた結果を捉え直したり，新たな問題を見いだしたりして，統合的・発展的に考察を進めていくことが大切である。」

特に，この結果や過程を振り返って自らの考え方や新たな問題を見いだすことが，数学的な見方・考え方を豊かにし，数学的な資質・能力の育成につながるものである。
③ 「数学的に考える資質・能力を育成する」について
「『数学的に考える資質・能力』とは，算数科の教科目標に示された三つの柱で整理された算数・数学教育で目指す力のことである。」

つまり，「数学的な見方・考え方」を働かせた数学的活動によって育成された資質・能力は「数学的な見方・考え方」を豊かにし，新たな数学的活動を生み出し，一層「数学的な見方・考え方」を豊かにするスパイラルに進んでいくのである。
④ 「数量や図形などについての基礎的・基本的な概念や性質などを理解するとともに，日常の事象を数理的に処理する技能を身に付ける」について
「この部分は『知識及び技能』についての目標を示している。」
「算数科においては，身に付けるべき基礎的・基本的な内容の習得を重視するとともに，その背景にある概念や性質についての理解を深めながら，概念や性質の理解に裏付けられた確かな知識及び技能を習得する必要がある。」

「知識及び技能」は，学習の基礎となるものであり，同時に，問題を解決する過程にも必要であり，確実な習得が求められるのである。

⑤「日常の事象を数理的に捉え見通しをもち筋道を立てて考察する力，基礎的・基本的な数量や図形の性質などを見いだし統合的・発展的に考察する力，数学的な表現を用いて事象を簡潔・明瞭・的確に表したり目的に応じて柔軟に表したりする力」について

「算数科では，問題を解決したり，物事を判断したり，推論を進めたりしていく過程において，見通しをもち筋道を立てて考えて，いろいろな性質や法則などを発見したり確かめたり，筋道を立てて説明したりする資質・能力の育成を目指すことを重要なねらいとしている。」

「算数を統合的・発展的に考察していくことで，算数の内容の本質的な性質や条件が明確になり，数理的な処理における労力の軽減も図ることができる。」

「考えたことを目的に応じて柔軟に表現することで，考えをより豊かにすることができる。こうした経験を通して，数学的な表現の必要性や働き，よさについて実感を伴って理解できるようにすることが大切である。」

　この部分は「思考力，判断力，表現力等」についての目標を示している。

　算数にとって，日常の事象を筋道を立てて考え，統合的・発展的に考えを進め，表現する力を育成することが大切である。つまり，この部分は我が国の算数教育が目指してきたものであり，まだ，十分に児童に定着していないところである。児童にこのような力を育成していくことを意識して学習を進めていくことが重要である。

⑥「**数学的活動の楽しさや数学のよさに気付き，学習を振り返ってよりよく問題解決しようとする態度，算数で学んだことを生活や学習に活用しようとする態度**」について

「児童の本性に根ざす数学的活動を積極的に取り入れることによって，楽しい算数の授業を創造することが大切である。」

「よさを児童に知識として覚えさせさえすればよいというようなことがないように留意し，学習の中で児童が自らそうしたよさに気付いていけるよ

うに，指導を創意工夫することが重要である。」
「算数の学習には常によりよい結果を追い求めていくことに価値があり，それを日常生活や学習に生かすことが大切である。」
「算数の学習で身に付けた資質・能力を生活や学習の様々な場面で活用することによって，児童にとって学習が意味あるものとなり，数学のよさを実感を伴って味わうことができるようになる。」

　この部分は『学びに向かう力，人間性等』についての目標を示している。
　児童が学習を振り返る活動を行うことが重要である。振り返る活動を通して，学習の意味や楽しさ，よさを味わうことができる。また，自分自身の考え方の向上につながり，生活や学習に活用しようとする態度の育成にもつながるのである。

［レポート課題］
１．アクティブ・ラーニングに基づく算数科授業を調べ説明しなさい。
２．発展的に考察している例を調べ，具体的に説明しなさい。

第3節

数学的な見方・考え方

§1 数学的な見方・考え方の捉え方

　平成29年改訂学習指導要領は，数学的に考える資質・能力の育成に当たって，算数科の特質に応じた見方・考え方が重要との考えから，総括目標が「数学的な見方・考え方を働かせ」で始まっている。指導に当たっては，「数学的な見方・考え方」を明確に捉えておく必要がある。

1．これまでの数学的な見方・考え方

　数学的な見方・考え方は，学習指導要領の目標として，小学校では昭和33年改訂，昭和43年改訂，中学校では昭和33年改訂，昭和44年改訂，高等学校では昭和35年改訂，昭和45年改訂において「数学的な考え方」と示された後，小学校では，「数理的にとらえ，筋道を立てて考え（昭和52年改訂）」，「見通しをもち筋道を立てて考える能力と数理的な処理のよさ（平成元年改訂，平成10年改訂）」，「見通しをもち筋道を立てて考え，表現する能力と，算数的活動の楽しさや数理的な処理のよさ（平成20年改訂）」と表現を変えつつも，重視されてきた（表1-3-1）。

　また，「数学的な考え方」は，学習評価の観点名としても定着してきた。例えば，平成20年改訂は，平成19年の学校教育法一部改正によって規定された学力の三要素を反映して評価の観点は「関心・意欲・態度」「思考・判断・表現」「技能」「知識」と設定されたが，算数では，その特性から「思

表1-3-1：小学校学習指導要領の目標における数学的な見方・考え方の変遷

昭和33年	数学的な考え方
昭和43年	
昭和52年	数理的にとらえ，筋道を立てて考え
平成元年	見通しをもち筋道を立てて考える能力と数理的な処理のよさ
平成10年	
平成20年	見通しをもち筋道を立てて考え，表現する能力と数理的な処理のよさ

考・判断・表現」を「数学的な考え方」と示してきた。

2. 数学的な見方・考え方の再整理

平成29年改訂は，これまでの「数学的な見方・考え方」とは異なり，次のように再整理された（教育課程部会，2016）。

> ○ 「数学的な見方・考え方」のうち，「数学的な見方」については，事象を数量や図形及びそれらの関係についての概念等に着目してその特徴や本質を捉えることであると整理することができる。
> ○ また，「数学的な見方・考え方」のうち，「数学的な考え方」については，目的に応じて数・式，図，表，グラフ等を活用し，論理的に考え，問題解決の過程を振り返るなどして既習の知識・技能等を関連付けながら統合的・発展的に考えることであると整理することができる。
> ○ これらを踏まえると，算数科・数学科における「数学的な見方・考え方」については，「事象を数量や図形及びそれらの関係などに着目して捉え，論理的，統合的・発展的に考えること」として再整理することが適当である。

最後に，「数学的な見方・考え方」としてまとめているように，数学的な見方と数学的な考え方は別々に働くものではなく，常に組み合わせて働くものである。

第1章 算数科の目標

§2 数学的な見方・考え方

1. 数量や図形及びそれらの関係などに着目する数学的な見方

「A数と計算」「B図形」「C測定」「C変化と関係」「Dデータの活用」の5領域で働かせる数学的な見方・考え方は、表1-3-2のようになる。各領域には、「数の表し方の仕組み、数量の関係や問題場面の数量の関係などに着目して捉えること（数と計算）」や「図形を構成する要素、それらの位置関係や図形間の関係などに着目して捉えること（図形）」のように、数学的な見方は事象を数量や図形及びそれらの関係などに着目することから、各領域固有に働く「数学的な見方」である。片桐（1988）は、内容に関係した数学的な考え方として、次のような考え方を挙げているので参考にしたい。

1　構成要素（単位）の大きさや関係に着目する（単位の考え）
2　表現の基本原理に基づいて考えようとする（表現の考え）
3　ものや操作の意味を明らかにしたり、広げたり、それに基づいて考えようとする（操作の考え）
4　操作の仕方を形式化しようとする（アルゴリズムの考え）
5　ものや操作の方法を大づかみにとらえたり、その結果を用いようとする（概括的把握の考え）
6　基本的法則や性質に着目する（基本的性質の考え）
7　何を決めれば何が決まるかということに着目したり、変数間の対応のルールを見つけたり、用いたりしようとする（関数的な考え）
8　事柄や関係を式に表したり、式をよもうとする（式についての考え）

---

2. 論理的，統合的・発展的に考える数学的な考え方

一方で、表1-3-2に示すとおり、「数学的な考え方」はすべての領域に共通している。「数学的な見方」によって事象を数量や図形及びそれらの関係などに着目して、その特徴や本質を捉えたことを、目的に応じて図、

表1-3-2：内容領域で働かせる「数学的な見方・考え方」

領域	数学的な見方・考え方	
	数学的な見方	数学的な考え方
数と計算	数の表し方の仕組み，数量の関係や問題場面の数量の関係などに着目して捉えること	根拠を基に筋道を立てて考えたり，統合的・発展的に考えたりすること
図形	図形を構成する要素，それらの位置関係や図形間の関係などに着目して捉えること	
測定	身の回りにあるものの特徴などに着目して捉えること	
変化と関係	二つの数量の関係などに着目して捉えること	
データの活用	日常生活の問題解決のために，データの特徴や傾向などに着目して捉えること	

＊小学校学習指導要領解説の42，50，56，62，67ページの表をもとに作成した。

　数，式，表，グラフ等を活用し，根拠を基に筋道を立てて考えたり，問題解決の過程を振り返るなどして，既習の知識及び技能等を関連付けながら統合的・発展的に考えたりする。つまり，論理的，統合的・発展的に考えるのが「数学的な考え方」である。

(1) 根拠を基に筋道を立てて考える

　見通しを立てた問題解決の方法や結果が正しいことを確証し，新しい知識や技能を創り出すためには，根拠を基に筋道を立てて考えることが必要になる。そのため算数・数学で用いられる典型的な考え方は，前提を明らかにして三段論法などで結論を導き出す演繹的な考えである。しかし，小学校の段階では，演繹的に考えて結論付けることは困難な場合もあり，そのような場合には，帰納的な考えや類推的な考えも筋道立てて考える方法として用いられる。

＜帰納的な考え＞

　いくつかのひし形の対角線の交わり方を調べ，それらのひし形の対角線がいずれも垂直に交わることを確認する。このことから，どんなひし形の

対角線も垂直に交わると推測する。

この際，留意すべきことは，調べるひし形の個数と種類である。ひし形の集合は無限集合であるから調べる個数を決めることはできないが，一般的に成り立つことを推測するためには，数個では不十分である。また，調べるひし形の種類は，辺の長さや角の大きさの差異が明確なものを取り上げることによって，推測が容易になる。

＜演繹的な考え＞

図1-3-1のように，ひし形を置いた場合，1本の対角線によって上下2つの合同な二等辺三角形に分けられるので，4つの●の角の大きさが等しくなる。同様に，もう1本の対角線によって左右2つの合同な二等辺三角形に分けられるので，4つの○の角の大きさ

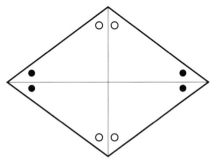

図1-3-1：ひし形

が等しくなる。ひし形の内部にできた4つの三角形を考えると，対角線の交点のまわりにできる4つの角の大きさは，いずれも，

180 －（●＋○）（度）

で等しくなり，その大きさは，

360 ÷ 4 ＝ 90（度）

となるから，2本の対角線は垂直に交わる。

演繹的な考えでは，このように確実な前提から論理的に結論を導き出すのであるが，必ずしも完全に演繹的な証明を求めるものでない。小学校では，前提となる根拠として，上記のような図や操作を用いながら説明していくことが多い。

＜類推的な考え＞

既知の図形である正方形の対角線が垂直に交わることは，折り紙などの

経験から容易に想起することができる。そして，正方形とひし形が，類似していることは，直感的に感じ取ることができる。さらには，4辺の長さが等しいことや2組の対辺が平行であるというような共通点が多いことからも2つの図形の類似性を示すことができる。また，図形の包摂関係から，正方形はひし形の特殊な場合としてみることもできる。このような正方形とひし形の類似性から，正方形で成り立つ「2本の対角線が垂直に交わる」という性質は，ひし形でも成り立つと推測するのである。

この際，ひし形と類似する図形として平行四辺形を考えることも多い。この場合は，ひし形が平行四辺形の特殊な場合になっている。ところが，平行四辺形の2本の対角線は垂直には交わらないため，ひし形について類推的に考えることはできない。このように，類似すると考えるものによって類推できるかどうかに関わってくることに留意する必要がある。

（2）統合的・発展的に考える

中島（1982）は，統合には「集合による統合」「拡張による統合」「補完による統合」の3点があるとしている。「集合による統合」とは，はじめは，異なったものとして捉えられていたものについて，ある必要から共通の観点を見いだして一つのものにまとめることをいう。例えば,加法は，合併と増加の意味があるため，2つの加法が存在すると認識する児童がいる。それを，式表示によって「加法」と1つにまとめて見るのである。「拡張による統合」とは，はじめに考えた概念や形式を一般化して，もっと広い範囲に適用できるようにすることをいう。例えば，「整数×整数」では，被乗数と積の関係は「被乗数＜積」となるが，「整数×小数」では「被乗数＞積」となる場合がある。そのため，「整数×整数」と「整数×小数」は別々の乗法であると認識する児童がいる。そこで，倍関係に着目して同じ乗法と1つにまとめて見るのである。「補完による統合」とは,既に知っている概念や形式だけでは，適用できない場合が起こるとき，補うものを加えて完全になるようにまとめることをいう。例えば，演算の関係に着目

して，除法を乗法を「逆算」として乗法にまとめて見ることである。

統合的に考えることと，発展的に考えることは表裏一体の関係にある。乗法を乗数が整数の場合だけでなく，小数や分数にまで広げることができないかと発展的に考えることが大切であり，発展的に考えた後は統合的に考えることが大切である。

3.「数学的な見方・考え方」の成長

「数学的な見方・考え方」を思考力・判断力・表現力等で捉えると，その高まりが見て取れる。例えば，「A数と計算」の第1学年から第3学年の「加法及び減法に関わる数学的活動」について見ると，表1-3-3のように「数学的な見方・考え方」の高まりが明確になっている。学年が上がるごとに，「数学的な見方・考え方」が成長していくのがわかる。このグラデーションは，児童の発達の段階に応じて，第1学年，第2学年と第3学年，第4学年と第5学年，第6学年の4つの段階で示されている。

§3 数学的な見方・考え方の指導

1. 数学的な見方・考え方と問題解決学習

算数において問題解決の場を意図的に設定して展開される学習は，**問題解決学習**と呼ばれる。そして，その授業形態は，問題解決型授業と呼ばれ，

表1-3-3：加法及び減法に関わる数学的活動におけるイの内容

第1学年	数量の関係に着目し，計算の意味や計算の仕方を考えたり，<u>日常生活に生かしたりすること</u>。
第2学年・第3学年	数量の関係に着目し，計算の仕方を考えたり<u>計算に関して成り立つ性質を見いだしたりするとともに，その性質を活用して，計算を工夫したり計算の確かめをしたりすること</u>。

＊下線は，第1学年と第2学年・第3学年との相違部分

第3節 数学的な見方・考え方

図1-3-2のように,「問題提示」「見通しを立てる」「自力解決」「集団解決（練り上げ）」「まとめ・練習」という過程が設定される。

そして，授業において数学的な見方・考え方の指導をするためには，このような問題解決型授業において，子どもたちがどの過程でどのような数学的な見方をして，どのような数学的な考え方を使うことができるのかを把握しておく必要がある。

問題解決過程に即して数学的な考え方についてまとめると表1-3-4のようになる。

もちろん，具体的な内容によっては，使われる考え方が表と多少異なる場合もある。

図1-3-2：問題解決学習

そして，実際の指導のためには，「何に目を付ける？」「何か気付いた？」「前の学習と似ているところはある？」「同じところはある？」「この後どんなことができるかな？」のように，授業のそれぞれの過程において使われる見方・考え方を子どもたちから引き出す発問を具体的な内容に沿って

表1-3-4：数学の方法に関係した数学的な考え方

問題解決型授業の過程	子どもたちが使う主な考え方
問題提示	抽象化の考え方（具体化，理想化，条件の明確化の考え方），記号化の考え方（数量化，図形化の考え方）
見通しを立てる	類推的な考え方，特殊化の考え方，記号化の考え方（数量化，図形化の考え方）
自力解決	帰納的な考え方，類推的な考え方，演繹的な考え方
集団解決（練り上げ）	演繹的な考え方，統合的な考え方，一般化の考え方
まとめ・練習	統合的な考え方，一般化の考え方，発展的な考え方

準備するとよい。さらには，その見方・考え方を子ども自身が表現する場面を設定することによって，数学的な見方・考え方を育てる授業が設計できるのである。

[レポート課題]
1．帰納的な考え，演繹的な考え，類推的な考えについて，具体的な指導場面を示しなさい。
2．統合的に考えることについて，具体的な指導例を示しなさい。

第2章 算数科の内容

第1節

整数と計算

§1 整数指導のねらいと内容の概観

1. 整数指導のねらい

整数の学習では，整数の意味や表し方について理解し，数についての感覚を豊かにすることがねらいである。

2. 整数の指導内容の概観

表2-1-1：整数の指導内容の概観

学年	数	計算
第1学年	・120までの数	・1位数の加法及びその逆の減法 ・簡単な2位数などの加法及び減法
第2学年	・1万までの数 ・十進位取り記数法	・2位数の加法及びその逆の減法 ・簡単な3位数などの加法及び減法 ・乗法九九 ・簡単な2位数と1位数との乗法
第3学年	・1億までの数	・整数の加法及び減法（3位数や4位数） ・整数の乗法（2位数や3位数など） ・整数の除法（除数と商が1位数） ・簡単な整数の除法(除数が1位数で商が2位数) ・(簡単な暗算) ・そろばんによる計算

第4学年	・億,兆などの数 ・概数	・整数の除法(除数が1位数や2位数で被除数が2位数や3位数) ・計算の結果の見積り ・(簡単な暗算) ・整数の計算の能力の定着 ・そろばんによる計算
第5学年	・整数の性質(偶数,奇数,約数,倍数,最大公約数,最小公倍数)	

§2 数の概念形成

1. 整数という数概念の獲得

(1)「数を理解する」とは？

第1学年から数(かず)としての整数について学習する。

では,「数を理解する」とはどういうことだろう？ 例えば,「5」と書いたりよんだりできる子どもは「5」という数を理解しているといえるのだろうか？ いや,数を書いたりよんだりできたからといって,数を理解していると結論付けるのは早急である。

「5」という数を理解しているとは,右図のように,「具体物」と「イメージ」と「数(数字,数詞)」が結び付いた状況をいう。

数の概念を獲得するには,次のようなことができる必要がある。

・1対1の対応を付けて,ものの個数を比べることができる。
・ものの間隔をあけたり,ものの入れ物の形を変えても同じ数だとわかる。

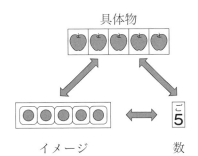

図2-1-1:「5」の理解

第2章　算数科の内容

・個数や順番を正しく数えることができる。
・数を正しくよんだり，書いたりすることができる。
・数の大小や順序がわかり，数系列を作ったり，数直線上に数を表したりすることができる。
・1つの数を他の数の和・差・積・商とみるなど，他の数と関連付けてみることができる。等

（2）数概念の内面化

「数を教えることはできない」といわれる。教師がいくら数を教え込んでも，子どもは数を理解できないという意味と考えられる。子どもは活動を通して数を学ぶのである。

ブルーナーの認知発達理論によると，人は，「行動的把握→映像的把握→記号的把握」のプロセスで内面化を図り，数を理解するといわれている。図2-1-2は，ブルーナーの認知発達理論を基に「5」という数の内面化の過程を図示したものである。矢印が右に進むに従って内面化が進むが，指導の際には，例えば，「『5』と書いた数字カードを見て，ブロックを5個並べる」など，左向きの矢印も必要であると考えられる。

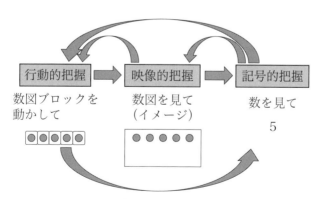

図2-1-2：「5」という数の内面化の過程

2. 数の意味

(1) 集合数と順序数の意味理解

　整数は，ものの個数を表す数，すなわち集合数として用いられる。また，ものの順番を表す数，すなわち順序数としても用いられる。集合数，順序数の意味理解を図るために，例えば，教室などで，「前から3人，立ちましょう」「前から3番目，立ちましょう」などと呼びかける活動が考えられる。

(2) 命数法と記数法

　命数法とは「数の言い表し方」のことで，記数法とは「数の書き表し方」のことである。整数の表し方には，十進位取り記数法が用いられる。十進位取り記数法では，「さんじゅうご」は，右図のように「35」と数字の位置の違いによって書き表す。

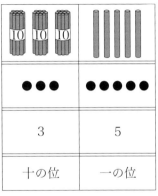

図2-1-3：十進位取り記数法

　十進位取り記数法を活用すると，位ごとの数字に着目することで，数の大小を容易に判断することもできる。例えば，35と42では，「十の位を見ると3と4では，4の方が大きいから，…」と説明することができる。

　整数の概念は，第1学年だけで獲得されるものではない。数の範囲を1位数→2位数→3位数→…，と拡張していき，数の意味や表し方を学習していく中で，理解を深めていくことができる。第4学年では，億，兆の単位について知り，十進位取り記数法についてまとめることになる。十進位取り記数法の仕組みによると，大きな数は，右から4桁ごとに区切ると，数を捉えやすくなる。

（3）数の見方
①「単位の幾つ分」の見方

　第1学年では，10のまとまりを作って数える活動などを通して，数の表し方を理解する。第2学年では，100のまとまりを作る活動へとつながっていく。こうして，10や100などを単位とした数の見方について指導する中で，数の構成について理解を深めたり，単位の見方を生かした計算の仕方に活用したりすることができる。

図2-1-4：「単位の幾つ分」の見方

②概数

　概数とは「およその数」のことであり，細かい数を必要としないときや，大まかな数がわかればよいときなどには，目的に合わせて概数で表すことがある。概数の表し方には，切り捨て（求める位未満をすべて0とみること），切り上げ（求める位未満が0以外なら求める位の1とみて求める位を1大きくすること），四捨五入などがある。

　例えば，2345を千の位までの概数にするとき，以下のようになる。

① 切り捨て	② 切り上げ	③ 四捨五入
000 2~~345~~ ↓ 2000	3000 ~~2~~345 ↓ 3000	000 2~~3~~45 ↓ 2000
1000に足りないはしたの 345を0とみて	1000に足りないはしたの 345を1000とみて	千の位の一つ下の百の位の 3をみて切り捨てて

③整数の性質（偶数，奇数，約数，倍数）

　整数を2で割ると，余りは0か1になる。2で割ったときに余りが0になる整数を偶数といい，余りが1になる整数を奇数という。

　ある整数を割り切ることのできる整数をもとの数の約数という。また，ある整数の整数倍をもとの数の倍数という。

　最大公約数，最小公倍数についても，具体的な場面に即して指導し，意味理解を図ることで，整数の見方，数についての感覚をより豊かにする。

§3　数の四則計算指導

1．計算指導のねらい

　計算指導のねらいには次の3つがある。

①計算の意味について理解すること

②計算の仕方を考えること

③計算に習熟し活用できるようにすること

　さらに，数学的活動を通して，数学的活動の楽しさや数理的な処理のよさに気付いていくことができるようにすることも大切なねらいである。

　「計算力をつける」というと計算が正確にできるようにすることだけを目的としてしまいがちであるが，指導に当たっては，計算の意味，計算の

仕方，計算の習熟・活用のバランスを意識することが大切だと考えられる。

計算指導は，数を理解するために行うという考え方もある。例えば，1つの数を他の数の和・差・積・商とみることができれば，数の概念を深めることになる。また，例えば，80＋30の計算の仕方を「10が（8＋3）個で110」などと10を単位にして考えることは，数の相対的な見方を確かにすることにつながる。「単位の幾つ分」の見方は，小数や分数の計算の仕方へと発展し，統合されていくことになる。

2．四則計算

四則計算とは，加法（たし算），減法（ひき算），乗法（かけ算），除法（わり算）のことであり，それぞれの答えを，和，差，積，商という。

整数の四則計算については，第1学年から第4学年にわたって指導し，第4学年は，整数の四則計算のまとめの段階に当たる。整数の計算の能力を定着させ，それを用いる能力を伸ばすことになる。

（1）加法の意味理解

加法が用いられるのは次のような場合である。

（ア）はじめにある数量に，追加したり，それから増加したりしたときの大きさを求める場合（増加）

（イ）同時に存在する2つの数量を合わせた大きさを求める場合（合併）

（ウ）ある番号や順番から，さらに何番か後の番号や順番を求める場合（順序数を含む加法）

（エ）数量の関係表現は減法の形であるが，計算は加法を用いることになる場合（逆思考）

図2-1-5：合併の操作

（イ）の合併の場合は，「あわせて」「みんなで」「ぜんぶで」などの言葉とブロック等の具体物を手で動かす操作を

結び付け，ブロックを両側からくっ付けるイメージと式を結び付けることが大切である。

また，（ア）の増加の場合は，「ふえると」「いれると」「くると」などの言葉とブロック等の具体物を手で動かす操作を結び付け，ブロックを片側から寄せてくっ付けるイメージと式を結び付けることが大切である。

（ア）と（イ）を合わせて，「ブロックがくっ付く」ときにたし算になることが理解できるようにしたい。また，長いお話が短い式で表されることから，式で簡潔に表すことができるよさに気付かせたい。

（エ）の逆思考は，例えば，「はじめにリンゴがいくつかあって，その中から5個食べたら7個残った。はじめにいくつあったか」を求めるような場合である。図に表すことで，数量の関係がわかりやすくなり，「『食べたら』だからひき算かと思ったが，7＋5のたし算になる」とわかる。

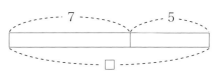

図2-1-6：7＋5（逆思考）の図

（2）減法の意味理解

減法が用いられるのは次のような場合である。

（ア）はじめにある数量の大きさから，取り去ったり減少したりしたときの残りの大きさを求める場合（求残）
（イ）2つの数量の差を求める場合（求差）
（ウ）ある順番から，いくつか前の順番を求める場合や，2つの順番の違いを求める場合（順序数を含む減法）
（エ）数量の関係表現は加法の形であるが，計算は減法を用いることになる場合（逆思考）

（ア）の求残の場合は，「のこりは」「かえると」「たべると」「つかうと」などの言葉とブロック等の具体物を

図2-1-7：求残の操作

手で動かす操作を結び付け，ブロックを取り除くイメージと式を結び付けることが大切である。

また，（イ）の求差の場合は，ブロックを並べて，1対1に対応した部分をひけば残りの数がわかることに気付かせ，取り去る操作と結び付けたい。例えば，「5個のリンゴと3個のミカンでは，リンゴの方が何個多い？」という問題の場合，赤色のブロック5個と青色のブロック3個を並べて1対1に対応した部分の赤色のブロック3個を取ることになる。

（ア）と（イ）を合わせて，「ブロックを取り去る」ときにひき算になることが理解できるようにしたい。また，長いお話が短い式で表されることから，式で簡潔に表すことができるよさに気付かせたい。

（エ）の逆思考は，例えば，「はじめにリンゴがいくつかあって，5個もらったら12個になった。はじめにいくつあったか」を求めるような場合である。図に表すことで，数量の関係がわかりやすくなり，「『もらったら』だからたし算かと思ったが，12－5のひき算になる」とわかる。

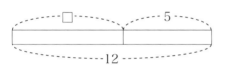

図2-1-8：12－5（逆思考）の図

以後の加減計算の基盤となるので，計算の仕方を考え，計算の習熟を行う学習も大切にしたい。例えば，計算カードを使う場合は，答えが順に大きくなる並び方で，答えが順に小さくなる並び方で，答えがランダムに出てくる並び方で，正確に早く答えが出せるようになるまで行いたい。また，計算カードを使ったゲームを行い，楽しみながら習熟を図る工夫も大切にしたい。例えば，計算カードの式を表にして並べ，「答えが○になるカードを取りましょう」などと呼びかけ，カルタ取りのようにすることが考えられる。

（3）乗法の意味理解

乗法は，1つ分の大きさが決まっているときに，その幾つ分に当たる

第1節 整数と計算

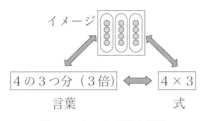
図2-1-9：かけ算の意味

図2-1-10：4×3の式の意味

大きさを求める場合に用いられる。

乗法の意味の理解のためには，具体物の「イメージ」と「言葉」と「式」がつながるように数学的活動を工夫することが大切である。

さらに，「何の幾つ分」の考え方から「何の何倍」の考えへと拡張しておくことが，小数や分数の乗法の意味を考える基盤となるので大切にしたい。

かけ算の計算の仕方を考える際には，「乗数が1増えれば積は被乗数ずつ増える」というかけ算のきまりや交換法則，分配法則などを使って九九を構成するようにする。また，具体物を用いたり，言葉，数，式，図を用いたりして表現する数学的活動も大切にしたい。

かけ算九九の習熟を図ることは，かけ算の筆算や除法の計算の仕方を考える際の基盤となるので，計算カード等を活用しての指導を重視したい。

（4）除法の意味理解

除法が用いられるのは，次の2つの場合である。
- ある数量がもう一方の数量の幾つ分であるかを求める場合（包含除）
- ある数量を等分したときにできる1つ分の大きさを求める場合（等分除）

例えば，15÷3の意味としては，「15個のあめを1人に3個ずつ分ける場合（包含

図2-1-11：15÷3＝5の式の意味

除)」と「15個のあめを3人に同じ数ずつ分ける場合（等分除）」がある。前者の場合，3×□＝15の□を求めることになり，後者の場合，□×3＝15の□を求めることになる。

　ブロック等の具体物の操作を基に式を指導することが大切である。例えば，「15個のあめを3人に同じ数ずつ分けるときの1人分を求める」場合，実際に，15個のブロックを3等分していき，1人分は5個と求める活動を通して，式を指導する。

3．筆算
（1）筆算指導のねらい
　筆算は記数法に基づいてする計算である。例えば，繰り上がりのあるたし算や繰り下がりのあるひき算の筆算の仕方を考えることで，十進位取り記数法の仕組みを理解することにつながる。最初の段階は，方法を理解するために数や計算の仕組みに立ち戻る必要があるが，それが理解できたら，筆算のアルゴリズムに沿って機械的に手続きを繰り返していけば答えを求めることができる。これが筆算の効率的なところである。

　計算の仕方を考える際には，「まず」「次に」などの言葉を使って計算の順序を説明する活動を取り入れることで，筋道立てて説明する力を育てることが期待できる。言語活動の充実の視点からも重視したい活動である。

（2）加法，減法
　加法，減法の筆算は，縦に位をそろえて書き，下の位から順に計算する。
　繰り下がりや繰り上がりの間違いや，減法でひかれる数がひく数より小さいときに下から上の数をひくなどの間違いがよく見られるので，数え棒などの具体物を用いながら意味理解を図り，正確に計算できるよう習熟を図りたい。

第1節　整数と計算

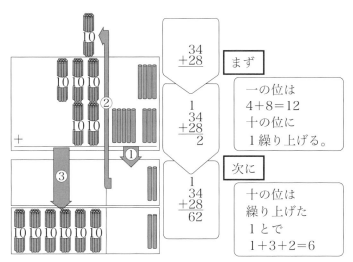

図2-1-12：34+28の筆算の仕方

（3）乗法

乗法の筆算は，縦に位をそろえて書き，下の位から順に計算する。

筆算は，簡潔性を極めた形式なので，意味の理解が伴わないことがある。位ごとに分けてかける，という考え方と筆算の仕方を結び付けて指導することが大切である。

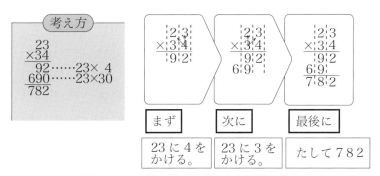

図2-1-13：23×34の考え方と筆算の仕方

（4）除法

除法の筆算は，上の位から順に計算する。特に2桁÷2桁の計算では，見当付けを生かして商を立て，「立てる→かける→ひく→下ろす」という筆算のアルゴリズムで計算する。

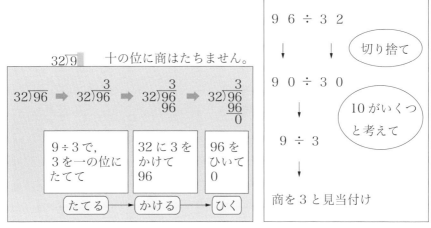

図2-1-14：96÷32の筆算の仕方と96÷32の見当付けの仕方

[レポート問題]
1．子どもが「3」という数を理解するとはどういうことをいうのか，あなたの考えを書きなさい。
2．15÷3の式になる等分除，包含除の具体的な問題を，それぞれ1題ずつ作りなさい。

第2節

小数の計算

§1　小数の指導内容の概観

　小学校では，第3学年から学習指導要領に位置付けられ，その指導は第6学年まで継続して行われる。

表2-2-1

学年	数	計算
第3学年	・$\frac{1}{10}$の位	・簡単な小数の加法及び減法
第4学年	・$\frac{1}{100}$や$\frac{1}{1000}$の位	・小数の加法及び減法 ・乗数や除数が整数の場合の小数の乗法及び除法 ・小数倍（新設）
第5学年		・乗数や除数が小数の場合の乗法及び除法
第6学年		・小数や分数の計算の能力の定着

§2　小数の意味

　小数とは，整数で表せない1に満たない量を表すときに使う数である。ただし，整数と同じように十進位取り記数法をベースにしているため，分数よりは捉えやすいといえる。

§3　小数の意味指導

　3年生では$\frac{1}{10}$の位の小数を，4年生から5年生にかけては$\frac{1}{100}$の位，$\frac{1}{1000}$の位などの小数について指導する。

　指導する内容としては，例えば3.14なら「1が3個，0.1が1個，0.01が4個集まった数」というような構成に関するものから，「31.4の$\frac{1}{10}$の数」「0.314の10倍の数」という見方，さらには「3.14を10倍，100倍した数はいくつ？」「3.14を$\frac{1}{10}$した数はいくつ？」など多様に捉えられるようにする。このことが，アクティブ・ラーニングで目指す「主体的な学び」につながる。

§4　小数の計算指導

　計算指導には，既習内容を活用したりしてどのように計算するかを考える「計算の仕方」に関する指導，問題場面から立式を考える「計算の意味」に関する指導がある。それぞれについて，解説する。

1．計算の仕方についての指導
（1）小数の加法，減法
① **小数第一位どうしの加法，減法の計算の仕方**

　小数の加法，減法については，第3学年，第4学年で学習する。

　例えば2.4＋1.8，2.4－1.8のような計算である。ここでは，筆算の形にすると自然と小数点がそろうため，つまずきを感じる子どもは少ない。しかし，自然と正しく計算できてしまうが故に，計算の仕方の原理に着目することなく学習が進んでしまうという落とし穴がある。この落とし穴は，4＋2.6や3.2－2，1.4＋3.46，8.23－2.3のような位が異なる加法，減法でのつまずきにつながる。

小数第一位どうしの加法，減法では，正しく計算できればOKとするのではなく，例えば2.4＋1.8であるならば，「2.4は0.1の24個分，1.8は0.1の18個分なので，24＋18の計算の結果である42は0.1の42個分なので答えは4.2になる」というように単位に着目して計算の仕方を説明できるようにしておくことが重要である。

② 位が異なる小数の加法，減法の計算の仕方

　小数第一位どうしの加法，減法で，計算の仕方の原理を理解できずに学習を終えると，次のようなつまずきを感じる子をつくってしまう。

```
         4              3 . 2 4
    ＋ 2 . 6          －    2 . 4
    ─────           ─────────
       3 . 0           3 . 0 0
```

　このようなつまずきを子どもにもたせないためには，「計算するときには単位をそろえる」ことを理解させることが重要である。そのためには，例えば整数と小数が交じった加法，減法の計算のときには「整数も0.1の幾つ分にあたるかを考えさせ，小数と小数の加法，減法の形に表してから計算する」というように計算の仕方を詳しく説明させる指導が有効である。この説明を通して，計算処理方法について形式的理解ではなく意味まで理解できるようになる。このことが，アクティブ・ラーニングで目指す「深い学び」につながる。

(2) 小数の乗法，除法

　小数の乗法，除法には，小数×整数，小数÷整数，小数×小数，小数÷小数がある。まずは計算の仕方について説明する。

① 小数×整数の計算の仕方

　第4学年では，小数×整数，小数÷整数を学習する。この内容に関する計算の意味については，整数×整数，整数÷整数と違いはないため，つま

ずきを感じる子どもは少ない。そこでここでも、計算の仕方についての指導について考える。

小数×整数の計算の授業では、筆算に表したとき、「かけられる数に付いていた小数点をそのまま下ろして答えに付ける」という形式的な処理方法を教え込み、そのときの計算問題が正しくできればよい、と考えがちである。確かに4年生ではそれで事は足りる。しかし、そのつけは5年生で学習する小数×小数における落とし穴となる。

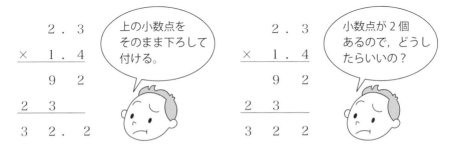

5年生でつまずきを生まないようにするためには、計算の仕方を教え込み計算が正しくできればOKとするのではなく、計算の仕方について次の2つの考え方から理解できるような指導を重視することが重要である。

ア．計算の性質を活用して考える

小数×整数を計算しやすい形にするために小数を整数に直して整数×整数の形に直して計算する考え方である。例えば2.3×14の場合なら、2.3を10倍して23にして計算し、計算の結果を$\frac{1}{10}$して本来の答えを求めるという考え方である。

$$\begin{array}{c} 2.3 \times 14 = 32.2 \\ \downarrow \times 10 \qquad \uparrow \frac{1}{10} \\ 23 \times 14 = 322 \end{array}$$

この考え方が身に付いていれば、5年で学習する小数×小数においても、計算の仕方を次のように考えることができる。

$$2.3 \times 1.4 = 3.22$$
$$\downarrow \times 10 \quad \downarrow \times 10 \quad \uparrow \frac{1}{100}$$
$$23 \times 14 = 322$$

　このように，既習経験を活用して考えることは，アクティブラーニングで目指す「主体的な学び」につながる。

イ．単位の考えを活用して考える

　小数を計算しやすいような形にするために小数を0.1や0.01を単位として見ることにより小数を整数に直して計算する考え方である。例えば2.3×14の場合なら，2.3を0.1の23個分とみると23×14となる。この計算の答えである322は0.1の322個分を表しているので本来の答えは32.2と求めることができる。この考えが身に付いていれば，第5学年で学習する分数×整数においても計算の仕方を考えることができる。

② **小数÷整数の計算の仕方**

　小数÷整数の計算の授業では，筆算に表したとき，「小数点をないものとして計算し，答えに小数点を復活させて付ける」という形式的な処理方法を教え込み，そのときの計算問題が正しくできればよい，と考えがちである。しかし，この計算の仕方は，乗法同様5年生で学習する小数÷小数では通じず，つまずきを生むことが多い。ここでも計算の仕方を教え込むのではなく，「計算の性質を活用して考える」「単位の考えを活用して考える」という指導を重視することが重要である。このような指導が，計算処理方法について形式的理解ではなく意味まで理解できるようになり，アクティブラーニングで目指す「深い学び」につながる。

③ **小数×小数の計算の仕方**

　第5学年「小数×小数」では，筆算に表したとき，小数点を打つ位置を「1，2」というように機械的に処理できるよう指導し，計算ができるようにすればよい，というスタンスに立った授業が多く見られる。しかし，このような教え込み型授業では，先行知識を有している子どもに授業の価

値を感じさせることができず，授業崩壊，学級崩壊を招くことになりかねない。

重要なことは，計算方法を覚え（知識・理解），計算ができるようになる（技能）ということだけではない。計算の仕方を自ら考えようとすることがアクティブ・ラーニングで目指す「主体的な学び」に，計算の仕方を説明することがアクティブ・ラーニングで目指す「対話的な学び」につながり，その結果として「深い学び」に結び付くのである。

④ 小数÷小数（わりきれる場合）

小数÷小数も第5学年で指導される。ここでも，「小数点を消して計算して答えを求める」というように計算方法を教え込み，計算ができればよいという安易な指導に陥ってはいけない。計算の性質の活用，単位の考えの活用により計算の仕方を考え，理解させる指導が重要である。

ア．計算の性質を活用して考える

「わられる数とわる数それぞれに同じ数をかけてもわっても答えは変わらない」という計算の性質を活用して，小数÷小数を計算可能な整数（小数）÷整数の形に直して計算するという考え方である。

　　8．4 ÷ 1．4 ＝ 6
　　↓10倍　↓10倍
　　8　4 ÷ 1　4 ＝ 6

イ．単位の考え方を活用して考える

わられる数，わる数それぞれが 0.1（0.01）の幾つ分にあたるかを考えることにより，小数÷小数を計算可能な整数（小数）÷整数の形に直して計算するという考え方である。

　　8．4 ÷ 1．4 ＝ 6
　　　　↓ 0.1 の幾つ分で見ると
　　8　4 ÷ 1　4 ＝ 6

第2節 小数の計算

⑤ 小数÷小数（わりきれない場合）

　余りのある小数÷小数の計算は，最もつまずきを感じる子どもが多いところである。例えば4.7÷0.7の場合，47÷7と計算し，余りの5をそのまま余りとするというつまずきが非常に多く見られる。

　ここで，すぐに正しい計算方法を教えたり，「余りがわる数より大きいから間違え」と結論付けるのではなく，「余りは本当に5でよいのだろうか」と投げかけ，ペアなどで話し合わせ，考え合わせることである。アクティブ・ラーニングで目指す「対話的な学び」である。この対話的学びを通して，「5」の表す意味，本当の余りの大きさの求め方にたどりつく。

$$\begin{array}{r} 6\text{余り}0.5 \\ 0.7\overline{)4.7} \\ \underline{42} \\ 5 \end{array}$$ ← 0.1が5個分なので本当の余りは0.5

これがアクティブ・ラーニングで目指す「深い学び」である。

2．計算の意味についての指導

　「計算の意味」とは，演算決定ともいわれる立式する活動である。

　加法・減法の問題場面の立式につまずきを感じる児童はそれほど見受けられない。

　小数どうしの乗法の場合，被乗数，乗数にそれほどこだわらなければ立式は容易であるため，つまずきに悩む児童は少ない。

　しかし，除法の場合，つまずきを感じる児童は非常に多い。特に4年生までに「わり算とは「大きい数」÷「小さい数」となる」という概念を形成された児童がつまずきを感じる場合が多く見られる。

　ましてや，問題場面がかけ算かわり算かがわからない場合は，つまずき

を感じる児童の割合はさらに高くなる。

計算の意味の指導において特に留意すべき点について，次の問題を例に述べる。

> 0.9 kg が 0.6 L のジュースがあります。
> このジュース 1 L の重さは何 kg でしょう。

（1）簡単な数に置き換えて式を考えられるようにする

立式に困難さを感じる原因は，問題文に使われている数が小数である点にある。そこで，問題文中の小数を，考えやすい数に置き換えてから考えてみさせる。

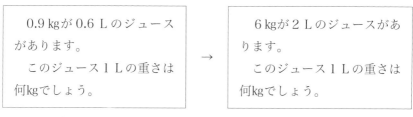

右の問題なら，式は 6 ÷ 2 となることはわかる。あとは 6，2 が左の問題のどちらの小数にあたるかを考えれば，式は見えてくる。

（2）問題場面を数直線に表して式を考えられるようにする

式が思い浮かばないとき，問題場面を数直線に表すと式が見えてくることがある。上記の問題を数直線に表すと次のようになる。

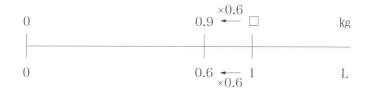

数直線から，0.6 を 1 にするには 0.6 でわればよいことから，□を求めるには 0.9 を 0.6 でわればよいことがわかり，式が見えてくる。

以上のように,簡単な数に置き換えたり数直線に表したりして式を立て,その上で立てた式の根拠などを説明させる活動は,アクティブ・ラーニングで目指す「対話的な学び」を通して「深い学び」に結び付ける指導につながる。

 また,このように一見複雑に見える事象も,簡単な考えやすい事象に置き換えて考える力をつけることが,ここで付ける力（思考力）である。それぞれの学習を通して社会に出たときに役立つ具体的にどのような力（思考力）を付けることをねらいとしているかを考えることは,学校現場に立つ教師に求められる資質である。

［レポート課題］
1．2.3×4.7 となる問題文を作りなさい。ただし，面積を求める問題や 4.7 分でどれだけ進むかなど時間を小数表示した問題，2.3 の 4.7 倍を求める問題は除きます。
2．2.3×4.7 ＝ 10.81
 上の計算の結果を利用して，0.23×4.7 の答えを求めるとしたとき，子どもはどのように考えるかを説明しなさい。

第3節

分数の計算

§1 分数の指導内容の概観

小学校では，第2学年から学習指導要領に位置付けられ，その指導は第6学年まで継続して行われる。

表2-3-1

学年	数	計算
第2学年	・$\frac{1}{2}$，$\frac{1}{3}$などの簡単な分数（現行と一部内容変更あり）	
第3学年	・分数	・簡単な分数の加法及び減法
第4学年	・真分数，仮分数，帯分数	・同分母分数の加法及び減法
第5学年		・異分母分数の加法及び減法
第6学年		・乗数や除数が整数の場合の分数の乗法及び除法 ・乗数や除数が分数の場合の分数の乗法及び除法

§2 分数の意味

分数とは，「$\frac{1}{3}$Lは1Lを3等分したうちの1つ分」というように，等分してできる部分の大きさを表すときに使われるものである。ここで難しいのは，$\frac{1}{3}$と$\frac{1}{3}$Lの違いである。$\frac{1}{3}$とは「あるものを3等分したうちの1

つ分」という割合を表したもの，つまり３等分するという行為があることが前提であるのに対して，$\frac{1}{3}$ Lとは「１Lを３等分したうちの１つ分」という量の大きさを表したものである。この違いがわかっていないと，「れいこさんはリンゴ$\frac{1}{2}$個を持っています。ななみさんはリンゴ$\frac{1}{3}$個を持っています。でも，ななみさんの持っているリンゴの方がれいこさんが持っているリンゴより大きいそうです。そんなことはあり得るのでしょうか。」という問題に答えることができなくなってしまう。あり得るか，あり得ないかの答えは，読者の皆様の手に委ねることにしよう。

また，分数には，小数同様整数で表せない１に満たない量を表すときにも使われる。十進位取り記数法に基づいて表記される小数に比べるとわかりにくいという点がある一方で，「２÷３」の計算の結果のように小数では表しきれない量も正確に表すことができるというよさがある。ちなみに，「２÷３」の答えがなぜ$\frac{2}{3}$になるかについての図を用いたりしての説明については，読者の皆様の手に委ねることにしよう。

以上のように，分数には，幾つに等分したうちの幾つ分という「分割分数」，端数の量を表す「量分数」，全体のどれだけの割合にあたるかを表す「割合分数」がある。

分数のもつもう一つの特徴として，分数を真分数，仮分数，帯分数に分けているという点がある。中学校数学では帯分数を用いることはまずないが，小学校算数では，整数や小数において数を分解して捉えたり表現したりする活動を重視してきた経緯もあり，１を超えた分数として仮分数，帯分数の意味を理解させることも重要である。

§3 分数の意味指導

２年生では$\frac{1}{2}$，$\frac{1}{3}$のような簡単な分数について指導する。現行の学習指導要領では，$\frac{1}{2}$，$\frac{1}{4}$，$\frac{1}{8}$という「半分」「半分の半分」「半分の半分の

半分」にあたる分数を折り紙を折るなどの操作活動を通して知り，体験的に理解することがねらいとされていたが，新学習指導要領では$\frac{1}{2}$，$\frac{1}{3}$を指導内容とするよう変更されている。操作活動を通しての実感的学びからの変更だけに，子どもたちが学びの実感を味わえる授業づくりをいかにするかについて教師としての資質が求められる。

　3年生では，等分してできる部分の大きさや端数部分の大きさを表すのに分数を用いることや，分数は$\frac{1}{5}$や$\frac{1}{7}$などの単位分数の幾つ分で表せることを指導する。

　4年生では，簡単な場合について大きさの等しい分数があることや，真分数，仮分数，帯分数を指導する。

　5年生では約分や通分，さらには$2 \div 3 = \frac{2}{3}$などの商分数，分数と整数，小数との関係，さらには異分母分数の大小の比較について指導する。

§4　分数の計算指導

　計算の意味の指導については，小数の場合とほとんど変わることはないのでここでは割愛し，計算の仕方についての指導について解説する。

（1）同分母分数の加法，減法

　同分母分数の加法，減法の計算処理方法の指導では，「分母はそのままにして分子どうしをたしたりひいたりする」を教え込み計算練習すれば，テストの点はとれる。しかし，それでは本当の「わかる」にはならない。

　例えば「$\frac{2}{7} + \frac{3}{7}$」では分母どうし，分子どうしをたして$\frac{5}{14}$と答える子どもがいる。ここで，すぐに正しい計算方法を教えてしまうかが教師としての資質を問われるところである。ここでは「答えは$\frac{5}{14}$でよいのだろうか」と投げかけ，ペアなどで話し合わせ，考え合わせることである。アクティブ・ラーニングで目指す「対話的な学び」である。この対話的な学びを通して，「$\frac{2}{7} + \frac{3}{7}$の場合，$\frac{2}{7}$は$\frac{1}{7}$の2つ分，$\frac{3}{7}$は$\frac{1}{7}$の3つ分なので，それを

合わせると$\frac{1}{7}$の5つ分となり，答えは$\frac{5}{7}$」となるという単位分数の幾つ分かを基に考えるという本質的な理解にたどりつく。これがアクティブ・ラーニングで目指す「対話的な学び」を通して「深い学び」につなげるという指導である。

また，$1\frac{2}{9}-\frac{4}{9}$のように繰り下がりのあるひき算では，十進位取り記数法での癖が出て$\frac{12}{9}-\frac{4}{9}$として計算するつまずきが見られる。このような場合でも，すぐに帯分数を仮分数に直して計算するように教え込み指導をするのではなく，数直線などの図を使って考え説明させたりすることにより，正しい計算処理の仕方にたどりつかせる指導が重要である。これもアクティブ・ラーニングで目指す「対話的な学び」を通して「深い学び」につなげるという指導である。

（2）異分母分数の加法，減法

ここでも，次のようなつまずきがよく見られる。

$$\frac{1}{2}+\frac{1}{3}=\frac{2}{5}$$

同分母分数の加減しか経験していない子どもにとっては，見通しがもてず，とりあえず分母どうし分子どうしをたしてしまう実態がよく見られる。

ここでも「答えは$\frac{2}{5}$でよいのだろうか」と投げかけ，ペアなどで話し合わせ，考え合わせる指導が重要である。その結果，「半分に何かをたしたのに答えが半分以下になることはあり得ない」「分母どうし，分子どうしをたすのであれば$\frac{2}{7}+\frac{3}{7}$の答えは$\frac{5}{14}$になってしまうからおかしい」という考えが共有でき，その上で，単位となる分母をそろえないとたし算やひき算の計算ができないことにたどりつける。このような指導がアクティブ・ラーニングで目指す「対話的な学び」を通して「深い学び」につなげるという指導である。

（3）分数×整数

分数×整数は，分数を単位分数の幾つ分と捉えられていれば，あとは整

数×整数と同じ原理で計算ができるため，つまずきを感じる児童はそれほど見られない。

(4) 分数÷整数

「わる数をわられる数の分母にかければよい」と教え込み，ひたすら計算練習をさせれば，テストもそれなりの点数をとらせることはできる。このような指導に疑問をもてるかが教師としての資質が問われるところである。ここで求められる指導は，なぜ分母にかける数になるかを考えた上での結論とする指導ができるかである。

例えば $\frac{6}{7} \div 3$ で考えてみよう。この計算に「×」の記号は不要である。

$$\frac{6}{7} \div 3 = \frac{6 \div 3}{7} = \frac{2}{7}$$

今度は $\frac{5}{7} \div 3$ で考えてみよう。今度は $5 \div 3$ が計算できない。そこで，次のように計算することになり，結果として「×」が出てくる。

$$\frac{5}{7} \div 3 = \frac{5 \div 3}{7} = \frac{(5 \times 3) \div 3}{7 \times 3} = \frac{5 \times \cancel{3} \div \cancel{3}}{7 \times 3} = \frac{5}{7 \times 3}$$

以上のように，単に計算の仕方を教え込むのではなく，わり算なのになぜ「÷」の記号がなく「×」の記号があるのかを考えさせ，理解させる指導が重要である。このような指導がアクティブ・ラーニングで目指す「深い学び」につながる指導である。

(5) 分数×分数

ここも「分母どうし，分子どうしをかけて計算すればよい」と教え込み，ひたすら計算練習をさせれば，テストもそれなりの点数をとらせることはできる。ここで，すぐに正しい計算方法を教えてしまうかが教師としての資質を問われるところである。

ここで求められる指導は，なぜ分母どうし，分子どうしをかけると答えが求められるかを考えさせ，理解させることである。$\frac{4}{5} \times \frac{3}{7}$ を例に考えてみる。ここでは，少なくとも次の4通りの計算の仕方を考えさせたい。

第3節　分数の計算

<数直線から考える>

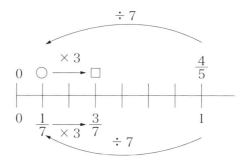

○には $\frac{4}{5} \div 7$ が入ることから，□は $\frac{4}{5} \div 7 \times 3$ で求められることがわかり，次のような計算方法にたどりつく。

$$\frac{4}{5} \times \frac{3}{7} = \frac{4}{5} \div 7 \times 3 = \frac{4}{5 \times 7} \times 3 = \frac{4 \times 3}{5 \times 7}$$

<かける数を整数にして分数×整数の形にして計算する>

$$\frac{4}{5} \times \frac{3}{7} = \frac{4}{5} \times \left(\frac{3}{7} \times 7\right) \div 7 = \frac{4}{5} \times 3 \div 7$$

$$= \frac{4 \times 3}{5} \div 7 = \frac{4 \times 3}{5 \times 7}$$

<かけられる数，かける数ともに整数にして整数×整数として計算する>

$$\frac{4}{5} \times \frac{3}{7} = \frac{4 \times 5}{5} \times \frac{3 \times 7}{7} \div 5 \div 7$$

$$= 4 \times 3 \div 5 \div 7 = \frac{4 \times 3}{5} \div 7 = \frac{4 \times 3}{5 \times 7}$$

＜分母をそろえ，単位の幾つ分で求めるよう計算する＞

$$\frac{4}{5} \times \frac{3}{7} = \frac{1}{5 \times 7} \times 4 \times 3$$

$$= \frac{4}{5 \times 7} \times 3 = \frac{4 \times 3}{5 \times 7}$$

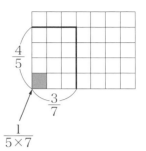

以上のように，分数×分数の計算の仕方を教え込み，計算ができればよし，と考えるのではなく，計算の仕方を今まで学習した経験などに基づいて考え，説明する活動を重視する指導ができるかが教師としての資質が問われるところである。またこのような指導が，アクティブ・ラーニングが目指す「主体的な学び」「対話的な学び」から「深い学び」につなげる指導である。

（6）分数÷分数

ここも「分母と分子をひっくり返してかけて計算すればよい」と教え込み，ひたすら計算練習をさせれば，テストもそれなりの点数をとらせることはできる。ここでも，すぐに正しい計算方法を教えてしまうかが教師としての資質を問われるところである。

ここでも求められる指導は，なぜ分母と分子をひっくり返してかけると答えが求められるかを考えさせ,理解させることである。$\frac{4}{5} \div \frac{3}{7}$を例に考えてみる。ここでは,少なくとも次の5通りの計算の仕方を考えさせたい。

そして，次のように，分数÷分数でも計算の仕方を教え込み，計算ができればよし，と考えるのではなく，計算の仕方を今まで学習した経験などに基づいて考え，説明する活動を重視する指導ができるかが教師としての資質が問われるところである。またこのような指導が，アクティブ・ラーニングが目指す「主体的な学び」「対話的な学び」から「深い学び」につなげる指導である。

第3節　分数の計算

<数直線から考える>

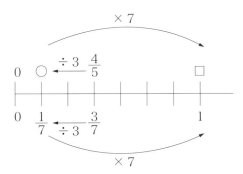

○には $\frac{4}{5} \div 3$ が入ることから，□は $\frac{4}{5} \div 3 \times 7$ で求められることがわかり，次のような計算方法にたどりつく。

$$\frac{4}{5} \div \frac{3}{7} = \frac{4}{5} \div 3 \times 7 = \frac{4}{5 \times 3} \times 7 = \frac{4 \times 7}{5 \times 3}$$

<わる数を整数にして分数÷整数の形にして計算する>

$$\frac{4}{5} \div \frac{3}{7} = \left(\frac{4}{5} \times 7\right) \div \left(\frac{3}{7} \times 7\right)$$

$$= \frac{4 \times 7}{5} \div 3 = \frac{4 \times 7}{5 \times 3}$$

<わられる数，わる数ともに整数にして整数÷整数として計算する>

$$\frac{4}{5} \div \frac{3}{7} = \left(\frac{4}{5} \times 5\right) \div \left(\frac{3}{7} \times 5\right)$$

$$= 4 \div \frac{3 \times 5}{7} = (4 \times 7) \div \frac{3 \times 5 \times 7}{7}$$

$$= (4 \times 7) \div (3 \times 5) = \frac{4 \times 7}{3 \times 5}$$

＜分母をそろえ，単位の幾つ分で求めるよう計算する＞

$$\frac{4}{5} \div \frac{3}{7} = \frac{4 \times 7}{5 \times 7} \div \frac{3 \times 5}{7 \times 5}$$

$$= (4 \times 7) \div (3 \times 5) = \frac{4 \times 7}{3 \times 5}$$

＜分数×分数が分母どうし，分子どうしかけて計算したので分数÷分数も分母どうし，分子どうしをわって計算する＞

$$\frac{4}{5} \div \frac{3}{7} = \frac{4 \div 3}{5 \div 7} = \frac{4 \div 3 \times 3}{5 \div 7 \times 3} = \frac{4}{5 \div 7 \times 3}$$

$$= \frac{4 \times 7}{5 \div 7 \times 3 \times 7} = \frac{4 \times 7}{5 \times 3}$$

[レポート課題]

1．みくさんは家からリンゴを$\frac{1}{2}$個，れいこさんは家からリンゴを$\frac{1}{3}$個を持ってきました。二人が持ってきたリンゴを比べると，れいこさんが持ってきたリンゴの方が大きかったそうです。どのようなときにそのようなことはあり得るでしょうか。自分で図をかいて小学校中学年にわかるように説明しなさい。

2．2mのテープを3人で等しく分けます。1人分は何mになるかを，下のテープにかきこんで，小学校5年生にわかるように説明しなさい。

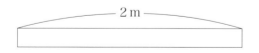

第4節

図形

§1 学習指導要領に示された「B図形」領域のねらい及び内容の系統

1.「B図形」領域のねらい

『小学校学習指導要領解説 算数編』では,「B図形」領域のねらいを次の3つに整理している。

- 基本的な図形や空間の概念について理解し,図形についての豊かな感覚の育成を図るとともに,図形を構成したり,図形の面積や体積を求めたりすること。
- 図形を構成する要素とその関係,図形間の関係に着目して,図形の性質,図形の構成の仕方,図形の計量について考察すること。図形の学習を通して,筋道立てた考察の仕方を知り,筋道を立てて説明すること。
- 図形の機能的な特徴のよさや図形の美しさに気付き,図形の性質を生活や学習に活用しようとする態度を身に付けること。

2.「B図形」領域の内容の系統

同書では,この領域の内容を数学的な見方・考え方に着目して表2-4-1のとおり整理している。

表2-4-1 「B図形」領域の内容

数学的な見方・考え方	・図形を構成する要素に着目して ・図形を構成する要素及びそれらの位置関係に着目して ・図形間の関係に着目して			
	図形の概念について理解し，その性質について考察すること	図形の構成の仕方について考察すること	図形の計量の仕方について考察すること	図形の性質を日常生活に生かすこと
第1学年	形の特徴	形作り・分解		形 ものの位置
第2学年	三角形，四角形，正方形，長方形，直角三角形 箱の形	三角形，四角形，正方形，長方形，直角三角形 箱の形		正方形，長方形，直角三角形
第3学年	二等辺三角形，正三角形	二等辺三角形，正三角形 円		二等辺三角形，正三角形 円，球
第4学年	平行四辺形，ひし形，台形 立方体，直方体	平行四辺形，ひし形，台形 直方体の見取図，展開図	角の大きさ 正方形，長方形の求積	平行四辺形，ひし形，台形 立方体，直方体 ものの位置の表し方
第5学年	多角形，正多角形 三角形の3つの角，四角形の4つの角の大きさ 直径と円周の関係 角柱，円柱	正多角形 合同な図形 柱体の見取図，展開図	三角形，平行四辺形，ひし形，台形の求積 立方体，直方体の求積	正多角形 角柱，円柱
第6学年	線対称，点対称な図形	線対称，点対称な図形 拡大図，縮図	円の求積 角柱，円柱の求積	対称な図形 拡大図・縮図による測量 概形とおよその面積

　新設されたり，移行したりした内容は見られないが，従来の「量と測定」領域の内容が見直されたことによって，正方形や長方形等の基本的な平面図形の求積や立体図形の求積が，図形の特徴を計量的に捉えて考察すると

いう視点から,「図形」領域の内容に位置付けられることとなった。

§2 「B図形」領域の教材研究

『小学校学習指導要領解説　算数編』では,この領域で育てたい資質・能力を4つに整理している。
(1) 図形の概念について理解し,その性質について考察すること。
(2) 図形の構成の仕方について考察すること。
(3) 図形の計量の仕方について考察すること。
(4) 図形の性質を日常生活に生かすこと。
　ここでは,これらの育成にかかわる内容について概観する。

1. 図形の概念について

　図形の学習を通して,育てたい資質・能力の一つに図形の概念について理解することがある。図形の概念とは何かであろうか。まず,下の絵を見ると,リンゴ,チューリップ,鉛筆とそれぞれ異なる物のように見えるが,数という観点で見ると,いずれも2つずつあるという共通性が見いだせる。ここに「2」という数の「概念」が生まれる。しかし,ミカンは3つなので2という概念は当てはまらない。

図形の学習では，様々な図形について何が同じで，何が違っているのかを認識できるようにすることが重要である。

　図形の概念は，大きく対象概念，関係概念の2つがある。

　対象概念とは，具体物からその材質，色彩，大きさ，置かれている位置などの属性に関わりなく，「形」という属性だけに着目して理想化や抽象化を行って得られたものである。

　算数科で取り扱う対象概念には，次のようなものがある。

・構成要素

　　点（頂点，中心），直線（線分，辺，半径，直径，対角線），面（平面，底面，側面），位置や方向

・平面図形・空間図形

　　角（内角，外角），三角形（正三角形，二等辺三角形，直角三角形）
　　四角形（正方形，長方形，台形，平行四辺形，ひし形），円，直方体，立方体，角柱，円柱　等

　図形の概念は，数学的対象として定義されるが，定義のみによって概念が成立するのではなく，「外延」と「内包」いう2つの側面がある。

　「外延」とは，その概念に相当する図形の範囲，図形の集合のことをいい，「内包」とは，図形の集合に共通な，しかもそれらによって，その図形が他の図形と明瞭に区別されるような本質的な特徴や性質のことをいう。このことを二等辺三角形を例に表すと，図2-4-1のようになる。

第4節　図形

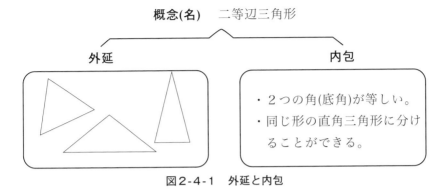

図2-4-1　外延と内包

　関係概念には，例えば，直線と直線の関係について垂直という関係があるといった「図形と図形の関係」と，長さ，面積や体積の相等・大小といった「図形に関する量の間の関係」の2つがある。
　対象概念や関係概念を理解することは，内包を豊かにすること，すなわち，図形の本質をよく捉えることができるようになることであり，授業づくりに当たっては大切にしたいことである。
　また，図形の性質を発見したり，確かめたりする際に用いることができるよう指導したいのが，帰納的な考え，演繹的な考え，類推的な考えといった筋道を立てて考えである。
　帰納的な考えとは，幾つかの具体的な例に共通する一般的な事柄を見いだす考えのことで，例えば，1つの三角形の内角の和を調べるには，合同な三角形を敷き詰めたり，3つの角を切り取って集めたりするなどの方法がある。これらの方法で調べ，内角の和が180°であることが分かったら，他の三角形の内角の和も調べてみる。いずれも180°であることが確かめられたら，三角形の内角の和は180°であると考えることである。
　演繹的な考えとは，既に正しいことが明らかになっている事柄を基にして新しい事柄が正しいことを説明していく考えである。例えば，四角形の内角の和が360°であることを説明するために，図2-4-2のように四角

形を2つ，または4つの三角形に分ける。

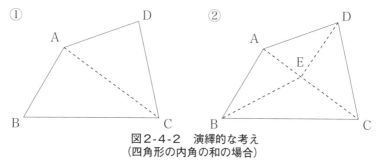

図2-4-2　演繹的な考え
（四角形の内角の和の場合）

①は三角形を2つに分け，三角形の内角の和が180°であることを基にして180×2＝360と導く方法で，②は三角形を4つに分け，180°を4倍し，点Eの周りの角の大きさ360°を引く，180×4－360＝360と導く方法である。

類推的な考えとは，2つの事柄の類似性に着目して，既知である一方の対象に成り立つ事柄から，未知なる他方の対象にも成り立つであろうとする考えのことで，例えば，長方形の面積は単位正方形の幾つ分で求めることができた。直方体の体積も同じように単位立方体の幾つ分で求めることができるのではないかと考えることである。

ただし，帰納的な考え，類推的な考えによって導かれた結論（予想）はそれが正しいかどうかの保証はなく，他の方法によって検証されなければならないことに留意しておく必要がある。

2. 図形の構成の仕方について

図形の構成とは，色板や棒，線や点などを用いて平面図形や立体図形をつくったり，分解したり，作図したりすることをいい，面による構成，線による構成，点による構成，立体による構成がある。

図形の構成（分解）の基本操作には，平行移動（ずらす），回転移動（回す），対称移動（折り返す），拡大・縮小（広げる，縮める）がある。こう

第4節　図形

  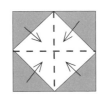

　　平行移動（ずらす）　　　回転移動（回す）　　　対称移動（折り返す）
　　　　　　　図2-4-3　図形の構成（分解）の基本操作

した基本操作は，低学年から取り扱われており，第5学年において合同な図形を考察する際に用いられたり，第6学年において，合同の考えを基に，拡大・縮小してからぴったり重なるかどうか考察する際に用いられたりする。また，図2-4-3のように図形の計量においても用いられる。

　作図とは，ユークリッド幾何においては，定規（直線を引くこと），コンパス（円をかくこと）以外の道具を使うことは許さないものであるが，算数科では，作図を広く解釈して，紙を折ったり，ものさしや分度器を使ったりすることも認めて，作図の指導を行う。

　図形の概念について理解しようとする際に，図形を構成要素等について調べていくことが考えられるが，まずはその図形を構成してみる，このことが理解を促進させるといわれる。したがって，授業づくりに当たっては図形を構成する活動を積極的に取り入れたいものである。

3．図形の計量の仕方について

　第3学年までの「C量」の領域における任意単位を用いた測定等の学習を基盤としながら，第4学年では角の大きさ，面の大きさを，第5学年では立体の大きさを数値化していく。

　面積，体積の概念が学習されると，図形の構成要素に着目して三角形，平行四辺形等の図形の面積の求め方を考える学習を行う。

　平面図形の面積を求める際の基本的な操作は，既に学習した図形に帰着

【長方形に帰着させる場合】

■倍積変形

$\{(底辺) \times (高さ)\} \div 2$

■等積変形

$(底辺) \times \{(高さ) \div 2\}$

【平行四辺形に帰着させる場合】

■倍積変形

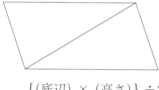

$\{(底辺) \times (高さ)\} \div 2$

$(底辺) \times \{(高さ) \div 2\}$

図2-4-4　倍積変形と等積変形（三角形の求積の場合）

させる等積変形と倍積変形がある。このことを例に示したのが図2-4-4である。

　面積の求め方を考える中で，例えば，同じ三角形を2つ合わせると平行四辺形になる，同じ直角三角形を2つ合わせると長方形となるといった，新たな図形と図形の関係や，図形に関する量の間の関係を見つけさせ，図形の概念について一層理解させていくことが，このたびの改訂の領域の改善の趣旨といえる。

4. 図形の性質を日常生活に生かすことについて

　図形を構成する要素に着目して，日常生活の事象を観察すると，様々なところに図形の性質が生かされていることがわかる。

　例えば，図形の性質を生かして，デザイン（模様づくりなど）すること

第4節　図形

図2-4-5　日常生活に見られる敷き詰め模様

が挙げられる。

　図2-4-5を見ると，左は床面に正方形の敷き詰め，壁面にハート形のタングラムを使った作品が見られる。また，右は洋服のアーガイル模様にひし形の敷き詰めが見られる。このように図形の性質が日常生活に生かされていることを理解することによって，図形の美しさや有用性を感得できる。

　また，図形がもつ機能的な面を生かすということも挙げられる。

　マンホールに円形が用いられているのは，円の幅はどこををとっても円の直径より短いので落下することがなく，移動させる際には転がすことができる。

　このように，図形がもつ機能的な面が日常生活に生かされていることを理解させることも意義深い。

図2-4-6　円形のマンホール

　この他，拡大図・縮図の考えを活用して測量をしたり，平面上や空間上の位置を表現したりするといったことも考えられる。

第２章　算数科の内容

§3 「B図形」領域の指導とその実際

1. 図形の指導

　数学的な見方・考え方を育成していく面から図形の指導を考えていく際に，教師はどのような見方を育成していく段階（活動）なのかということを把握し，指導していく必要がある。その段階には，大きく３つの段階があると考えられる。

第１段階　具体物から形を捉える段階

　最初の段階，第１学年では，色つきの色板や箱を仲間分けしたり，箱を積んだり，箱の面を写し取ったりする等の活動を行う。

　児童は，色，大きさ，板の厚さ，材質，機能性（よく転がる）等の属性に着目することが予想されるが，「なぜ同じ仲間なのか」「なぜ違う仲間なのか」と対話をしながら，弁別の観点として形という観点があるということを捉えさせるよう指導する。

第２段階　構成要素に着目して，図形を弁別したり，図形の性質を見いだしたりする段階

　仲間分けによって形を捉えることができるようになると，この段階では，頂点，辺，角の個数といった図形の構成要素に着目できるようにする。

　例えば，平面図形では，構成要素のうち，辺に着目することによって，三角形，四角形，五角形と弁別したりできるよう指導する。空間図形では，底面や側面に着目することによって，角柱や円柱を弁別したり，立方体が６つの正方形の面でできている，辺は12本，頂点は８つあるといった性質を見いだしたりできるよう指導する。

　また，弁別した理由や見いだした性質について，筋道を立てて説明できるよう指導する。なお，三角形，四角形といった概念名の指導については，児童にその必要性をもたせ，教師が教えることとなる。

第3段階　構成要素の関係に着目して，図形を弁別したり，図形の性質を見いだす段階

この段階の「構成要素の関係」とは，次の３つが考えられる。
（１）構成要素の相等関係
（２）構成要素の位置関係
（３）構成要素間の数量的関係

（１）の「構成要素の相等関係」に着目するとは，辺の長さや角の大きさ等に着目することで，例えば，正方形や長方形，二等辺三角形や正三角形等を弁別したり，二等辺三角形の底角は等しい，正三角形は３つの角が等しく，その大きさは60°であるといった図形の性質を見いだし，筋道を立てて説明したりすることができるよう指導する。

（２）の「構成要素の位置関係」に着目するとは，第４学年で，平行や垂直といった直線同士の位置関係に着目することで，台形や平行四辺形等を弁別したり，第６学年で，対称の軸の両側の点や辺の位置関係に着目することで，線対称や点対称な図形を弁別したりできるよう指導する。

（３）の「構成要素間の数量的関係」に着目するとは，第５学年で，三角形の３つの角の大きさに着目することで，三角形の内角の和は180°，四角形の内角の和が360°になるといった図形の性質を見いだし，筋道を立てて説明することができるよう指導する。

なお，第２・第３段階では，定規やコンピュータで図形をかかせたり，ジオボードなどで図形をつくらせたり，１つの図形の頂点を動かして変形させたりするなどして，図形の概念イメージ（例えば，二等辺三角形という名前を聞いて頭に思い浮かべるイメージ）の範囲を拡張して，内包の一般性を認識させるようにしたい。

2.「B図形」領域における主体的・対話的で深い学び（アクティブ・ラーニングの視点を取り入れた授業）

主体的・対話的で深い学び（アクティブ・ラーニングの視点を取り入れた授業）を具体化していくためには，児童が「問いをもつ」「問いを解決する」「新たな問いをもつ」ことが重要であるといえよう。このことについて，事例を挙げて述べてみたい。

（1）問いをもつ

二等辺三角形の学習において，ジオボードを用いて自由に二等辺三角形をつくらせる。次に，図2-4-7の①のように「辺アイを使って二等辺三角形をつくることはできないか」と問いかけてみる。その際，「できるだけたくさん」「○個」と働きかけると児童は②のような二等辺三角形を次々につくり始めるであろう。

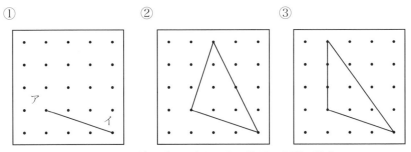

図2-4-7　ジオボードを用いた二等辺三角形の構成

その中で③のような三角形も二等辺三角形とする児童も出てくる。そして，児童の中に「二等辺三角形にも見えるけど…，本当かな」「二等辺三角形といえるのかな」といった問いが生まれる。

（2）問いを解決する

児童の中に生まれた問いを学級全体で共有し，③が二等辺三角形であるかどうかを考え，説明するようにしていく。その際，学習形態は問わない

が，児童一人ひとりが自分なりの考えをもって，他の児童との対話に臨むことを大切にしたい。

児童は，自分自身との対話，他の児童との対話を通して，図2-4-8のように既習の長方形の学習を想起して，長方形の1辺と対角線は異なる（対角線の方が長い）ことから③は二等辺三角形ではないことを筋道を立てて説明していく。このようにして，児童の問いは解決され，二等辺三角形はすべて見つかる。

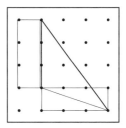

図2-4-8　児童の説明

(3) 新たな問いをもつ

　主体的・対話的で深い学び（アクティブ・ラーニングの視点を取り入れた授業）を具体化していくためには，授業の終末を二等辺三角形についての習熟を図る問題等を解かせるだけでなく，「正三角形だったら，いくつできるだろうか」「ドットの数が増えたら，二等辺三角形はいくつできるだろうか」といった新たな問いがもてるよう指導していきたい。このことは，条件等を変えて考えようとする発展的に考察する力を育成することになる。ただし，こうした児童の問いは，平素の算数科の授業において，視点を与えた振り返りを行ったり，問題づくりの授業を行ったりする等の指導の積み重ねが必要とされるであろう。

　新たな問いをもつことについて，第5学年の三角形等の求積を例にもう少し述べてみる。平行四辺形の求積の学習において，三角形に分割して面積を求めることができたら，「だったら，台形も同じように三角形に分割して面積を求めることができるだろうか」という発展的に考察する力の育成に通じる問いをもてるようにするとともに，三角形，平行四辺形，台形，ひし形の求積まで学習した後に，第4学年で学習した長方形や正方形の求積の学習まで振り返って，「これまで学習した図形の面積の求め方に共通点はないだろうか」という統合的に考察する力の育成に通じる問いももて

るよう指導していきたい。そのためには，1単元，単元と単元の児童の「学びをつなぐ」ことに視点を当てた教材研究が求められる。

[レポート課題]
1．図形に関する教具には，どのようなものがあるか調べなさい。また，それらを効果的に用いた授業実践の事例を調べなさい。
2．「図形」領域において，統合的に考察する力の育成を目指した授業実践の事例を調べなさい。

第5節

測定

§1 測定指導のねらいと内容の概観

1. 測定指導のねらい

身の回りの量について，量の単位や測定の方法について理解し，量についての感覚を豊かにすることがねらいである。

2. 測定の指導内容の概観

表2-5-1 測定の指導内容の概観

学年	量の単位	量の比較や測定など
1		・長さ，広さ，かさの比較 （直接比較，間接比較，任意単位を用いた測定） ・時刻の読み
2	・長さの単位（mm, cm, m） ・かさの単位（mL, dL, L） ・時間の単位（日，時，分）	・長さ，かさの測定 （普遍単位を用いた測定） ・適切な単位の選択
3	・長さの単位（km） ・重さの単位（g, kg, t） 　（接頭語 k（キロ），m（ミリ）など） ・時間の単位（秒）	・長さ，重さの測定 ・適切な単位や計器の選択 ・時刻や時間の計算 ・メートル法の単位の仕組み

§2　量の概念

1. 量とは何か

私たちの身の回りには様々な量が存在している。**量とは，大小の比較ができる対象をもっているもののこと**である。量には，物の個数，長さ，重さ，時間，面積，体積，速さなどいろいろなものがある。小学校の「測定」領域では，これらの中で，長さ，広さ，かさ，時間，重さなどを扱う。面積，体積，角度については「図形」領域（第4学年以降），速さ（単位量当たりの大きさ）などについては「変化と関係」領域（第5学年）で扱われる。

物の個数は1個1個が分離していて，1対1に対応させることができ，その大きさを整数（0と自然数）で表すことができる。このような量を分離量という。これに対し，長さ・重さ・速さなどの量は連続しており，そのままでは数値化することができない。適当な「単位」を決めて測定することで数値化することができる。このような量を連続量という。

連続量のうち，「加法性」（後述）が成立するものを外延量という。これに対し，速さなどのように「加法性」が成立しないものを内包量という。内包量の中でも，異なる単位をもつ2量の割合として表される量を度（速さなど），同じ単位をもつ2量の割合として表される量を率（打率など）として区別することがある。

以上のような観点から量を分類すると次のようになる。

```
量 ┌ 分離量（物の個数，人数など）
   └ 連続量 ┌ 外延量（長さ，重さ，時間，面積，体積など）
            └ 内包量 ┌ 度（速さ，人口密度など）
                     └ 率（打率，利率など）
```

図2-5-1　量の分類

2. 量の性質

　数学的な観点から，外延量に関して成り立つ次のような5つの性質がある。a，b，cは同種の量とする。

（1）比較可能性：量の大小が比べられること

① 2量を比較するとき，一方が他方より大きいか，小さいか，または等しいかのいずれか1つが成り立つ。つまり，

　　a＞b，a＜b，a＝b

　の1つだけが成立する。

② bを基準として，aはbより大きいといえるとき，その関係はaを基準として，bはaより小さいということができる。つまり，

　　a＞b　ならば　b＜a

　である。

③ 3つの量（a，b，c）があるとき，その1つの量（b）を媒介として，他の量を間接的に比較でき，量の大小，相等関係を見いだすことができる。つまり，

　　a＜b，b＜c　ならば　a＜c
　　a＝b，b＝c　ならば　a＝c
　　a＝b，b＜c　ならば　a＜c
　　a＜b，b＝c　ならば　a＜c

　である。4つ以上の量があるときも同様に大小，相等関係を見いだすことができる。

（2）加法性：量をたしたりひいたりできること

① 量をたすことができる。つまり，

　　a＋b＝c　となるcが決まる。

② 量の和をつくるとき，交換法則や結合法則が成り立つ。つまり，

　　a＋b＝b＋a（交換法則）
　　（a＋b）＋c＝a＋（b＋c）（結合法則）

③量の差を求めることができる。つまり,
　　a＜b　ならば　a＋c＝b　となるcが存在する。
（3）測定性：量を測定できること
　量は同種の量を単位として，その幾つ分，あるいはそれに近い値として測定できる。これは，次の公理に基づいている。
　　a＜b　のとき，aを2倍，3倍，…していくと，いつかはb以上になる自然数nが存在する（アルキメデスの公理）。つまり，
　　a＜b　ならば　na≦b＜（n＋1）aを満たす自然数nが存在する。
　この考え方は後述の「測定」につながる考え方で，na＝bのときは，aを単位として測定した場合のbの測定値はnという意味であり，na＝bとならないときは，はしたが出ることになる。
（4）等分可能性：量を何等分にもできること
　量は任意に等分することができる。つまり,
　　任意の自然数nに対して，a＝nb　となるbが存在する。
（5）稠密性（連続性）：量がすき間なくつながっていること
　大きさが異なるどんな2量についても，その間の量が存在する。つまり,
　　a＜b　ならば　a＜c＜b　となるcが存在する。

3. 量の保存性について
（1）量の保存性とは
　量は，形を変えても，位置を変えても，分割しても，その全体の大きさは変わらない。この性質を量の保存性という。この性質は，前項の2で述べた量のいろいろな性質の前提となっている。
（2）子どもの認識
　ピアジェ（1969）は，子どもの発達段階についての研究を行い，具体的操作段階（ほぼ7歳～11,12歳）で，量の「保存」の概念を獲得することを示した。例えば，次のような実験を行っている。

①子どもに等量の水が入った２つのコップを見せる（図 2 - 5 - 2）。
②１つのコップに入っている水を，直径が小さくて背の高いコップに注ぐ（図 2 - 5 - 3）。

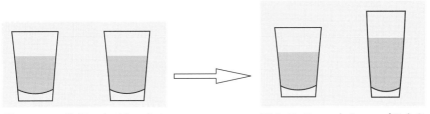

図 2 - 5 - 2 　等量の水が入った２つのコップ

図 2 - 5 - 3 　一方のコップの水を移しかえたもの

　この実験で，様子を見ていた６歳の子どもは，右のコップの水が多くなったように「見える」ので，量が変わると考えたという。
　水を移しかえても，水の量は等しいと理解し，一見多く見えることを拒否することができれば，具体的操作の段階に達していると考えることができる。この段階に達するためには，子どもがその過程が可逆であること，つまり，もとの容器に注ぎ返したとき，総量が等しくなることを理解しなければならない。実際に操作することで確かめてみることを子どもは好むという。子どもには１〜２歳の個人差があるといわれるが，小学生の中には量の保存性の認識が曖昧な子どももいることを考え，指導に当たる必要がある。

§3　測定の指導

1. 測定の意味

　測定とは，一定の量を基準として，その量の大きさを数値化することである。基準になる量を単位（表 2 - 5 - 1）といい，単位の何倍にあたるか

を表す数値を測定値という。

2. 測定の指導段階
(1) 題材を扱う順序

　測定の指導を行う際，どのような量から扱えばよいのか。題材は易から難へ指導する原則がある。まず，目に見えるものであるかどうかの視点である。長さ，広さ，かさは見える。一方，時間，重さは見えないので捉えにくい量である。長さ，広さ，かさはそれぞれ一次元，二次元，三次元の量であるので，次元の高さからこの順に難易度が高まる。次に，子どもの生活に身近かどうか，子どもが活動しやすいかどうかの視点である。時間は捉えにくい量であるが，1年生から時刻の読み方を学習することで生活に生かしていくことをねらっている。また，1年生から三次元のかさを扱いコップに水を入れていき数値化するが，子どもにとって活動しやすいからであろう。

　こう考えると，量の題材の中で長さから指導をしていくことが適当と考えられる。

(2) 測定指導の4段階

　測定指導には次の4つの段階がある。

　直接比較→間接比較→任意単位による測定→普遍単位による測定

である。子どもが必要感を感じ，主体的に取り組める学習過程にしていきたい。

　基本的な量である長さの指導を例に具体的な指導について考える。

3. 具体的な指導

　鉛筆の長さを調べるときは，まず，鉛筆の長さがどこにあるのかを確認してから活動に入りたい。

図2-5-4　鉛筆の長さ

(1) 直接比較

　直接比較とは，物を直接重ねるなどして量の大きさを比較する方法である。例えば，2本の鉛筆のどちらが長いかを調べる場合，それらの「端をそろえて」もう一方の端を見れば，どちらが長いかを知ることができる（図2-5-5）。はじめに2本の鉛筆を提示して「どちらの鉛筆が長いかな？」と問いかける際，鉛筆の端を手で握って隠して提示したり（図2-5-6），2本の鉛筆の向きを意図的にバラバラにしたり（図2-5-7），向きは同じでもずらして提示したり（図2-5-8）する。これにより，「向きをそろえる」「端をそろえる」ことに気付きやすくしたい。また，例えば赤と青の鉛筆を提示し，色は長さに関係ないことも確認しておきたい。

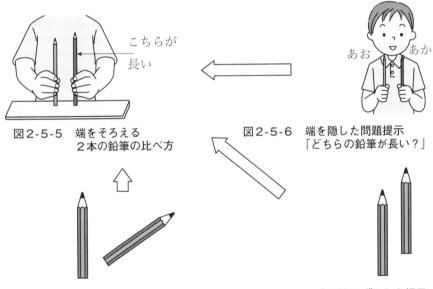

図2-5-5　端をそろえる
　　　　　2本の鉛筆の比べ方

図2-5-6　端を隠した問題提示
　　　　　「どちらの鉛筆が長い？」

図2-5-7　意図的に向きをバラバラにした提示

図2-5-8　意図的にずらした提示

　まっすぐな（直線状のものである）鉛筆の長さの比べ方がわかったところで，まっすぐでない（曲がっているものである）ひもにも長さがあるこ

第2章　算数科の内容

とを確認し，ひもの長さの比べ方を考える活動にする。「どちらのひもが長いかな？」と問いかける際には，意図的にグルグルに巻いたひもとクネクネと曲がったひもを提示するようにする（図2-5-9）。これにより，「ぴんと伸ばす」こと（図2-5-10）に気付きやすくする。

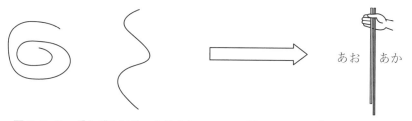

図2-5-9　グルグルに巻いたひもと
　　　　　クネクネと曲がったひも

図2-5-10　ぴんと伸ばした
　　　　　2本のひもの比べ方

続いて，はがきなどの縦と横の長さ（平面の中の長さ）を比べる活動にする。はがきの縦と横にも長さがあることを確認し（青赤などで縁を色分けして），「縦と横ではどちらが長いかな？」と問いかけるようにする。子ども一人ひとりにはがきを配って調べる活動を通して，「折って重ねる」こと（図2-5-11）に気付きやすくする。

図2-5-11　はがきの縦と横の
　　　　　長さの比べ方

次に，ノートなど（平面だが折って重ねることができないもの）の縦と横の長さを比べる活動にする。友達のノートも使って同じノートが2冊あれば，そのまま重ねて調べることができること（図2-5-12）に気付かせたい。

図2-5-12　ノートの縦と横の
　　　　　長さの比べ方
　　　　　（同じノートが2
　　　　　冊あるとき）

（2）間接比較

間接比較とは，物を直接重ねることが難

しい場合，媒介物を使って比較する方法である。例えば，前述のノートが1冊しかないとき縦と横の長さを比べたり，机の縦と横の長さを比べたりする場合，紙テープなどで一方の長さを写し取って，その紙テープをもう一方の長さと重ねて比較する（図2-5-13）。

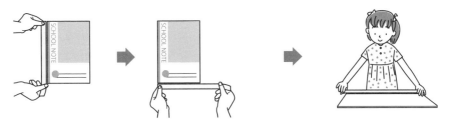

図2-5-13　紙テープを使った比べ方（間接比較）

（3）任意単位による測定

　任意単位による測定とは，身近にある適当なものの大きさを単位として，その幾つ分で量を測定して比較する方法である。例えば，机の縦と横の長さを，手のひらの長さの幾つ分あるかで調べて比較する。「机の縦と横ではどちらがどれだけ長いかな？」と問いかけ，数値化の必要性をもたせることで，「横の方が手のひら2つ分だけ長い。」などと表現することができる。

（4）普遍単位による測定

　任意単位による測定では，同じ量でも単位のとり方によって測定値が異なってしまう。指導場面では，この問題点に気付かせ，子どもが共通単位の必要感をもったところで普遍単位を知らせるようにしたい。

　長さにおいては，普遍単位として「cm」「mm」「m」を指導する（表2-5-1）。

　以上は長さの指導における測定指導の4段階だが，他の量についても原則として同じような指導段階を踏むことになる。

（5）普遍単位と接頭語

　現在は，普遍単位として国際単位系（SI）が広く用いられている。国際単位系はMKS単位系（長さの単位m（メートル），質量の単位kg（キログラム），時間の単位s（秒）を用い，この3つの単位の組み合わせでいろいろな量の単位を表現するもの）を拡張したものである。

　「測定」領域で扱う長さ，かさ，重さの普遍単位を整理すると次のようになる。

表2-5-2　長さ，かさ，重さの普遍単位

量	$\frac{1}{1000}$	$\frac{1}{100}$	$\frac{1}{10}$	単位	1000倍
長さ	1 mm	1 cm		1 m	1 km
かさ	1 mL		1 dL	1 L	
重さ				1 g	1 kg

（下線は接頭語）

　表2-5-2の中で，m，L，gの単位の前についているのが接頭語（下線）である。接頭語として，m（ミリ）が$\frac{1}{1000}$，c（センチ）が$\frac{1}{100}$，d（デシ）が$\frac{1}{10}$，k（キロ）が1000倍を表していることを知っておけば，単位の意味や単位の関係を考えやすくなる。技術の進歩に伴って日常生活でM（メガ：百万倍），G（ギガ：十億倍），T（テラ：1兆倍），μ（マイクロ：百万分の1），n（ナノ：十億分の1），p（ピコ：1兆分の1）などの接頭語も見られるようになった。

（6）量感の指導

　量感とは，計器を使わずにある量の大きさの見当をつけたり，ある単位で示された量が実際のものでどれくらいの大きさになるかの見当をつけたりするためのおよその感覚のことである。量感があると，量の大きさによって適切な計器を選んだり，適切な単位を選んだりすることができる。

　量感を育てるには，まず，1 m，1 L，1 kgなどの基本となる量の感覚

を身に付けることが大切である。具体的には自分の体で床から1mの箇所を調べたり，ビニール袋に1Lの水を入れて観察したり，ビニール袋に1kgの砂を入れて持ってみたりする活動を取り入れることで，1m，1L，1kgなどの量感をもてるようにする。また，量を実測する前に自分の量感をもとに結果を予想し，後で測定値と比べるようにすることが大切である。

[レポート課題]
1．算数科の「測定」領域で指導する量の種類をすべて挙げ，測定指導の4段階を説明しなさい。
2．国際単位系（SI）に定められている基本単位，組立単位，SI接頭語にはどのようなものがあるか調べなさい。

第6節

変化と関係

§1 「変化と関係」の概観

　平成20年告示学習指導要領の「数量関係」は,「関数の考え」「式の表現と読み」,「資料の整理と読み」の3つの下位領域からなるものであった。平成29年告示学習指導要領では,従前の内容を「数量の変化や関係に着目した考察を重視すること」,「統計教育の基礎を充実すること」の視点に立ち,新たに設けた「変化と関係」と「データの活用」に移行している。

　「変化と関係」の領域の新設は,算数科で育成を目指す資質・能力の「事象の変化や関係を捉えて問題解決に生かそうとすること」であり,従前の「関数の考え」を重視してきたことを踏まえたものである。伴って変わる二つの数量の関係（第4学年）,簡単な比例（第5学年）,比例と反比例（第6学年）など,上学年に位置付けられていたことを踏まえ,「変化と関係」領域は上学年に位置付けられ,中学校数学の「関数」領域への円滑な接続が期待されている。

1.「変化と関係」で働かせる数学的な見方・考え方

　「変化と関係」で働かせる数学的な見方・考え方に着目して内容を整理すると,「①伴って変わる二つの数量の変化や対応の特徴を考察すること」「②ある二つの数量の関係と別の二つの数量の関係を比べること」「③二つの数量の関係の考察を日常生活に生かすこと」の3点になり,各学年の内

容区分にもなっている（表2-6-1）。

表2-6-1

数学的な見方・考え方	・二つの数量の関係などに着目して捉え，根拠を基に筋道を立てて考えたり，統合的・発展的に考えたりすること		
	①伴って変わる二つの数量の変化や対応の特徴を考察すること	②ある二つの数量の関係と別の二つの数量の関係を比べること	③二つの数量の関係の考察を日常生活に生かすこと
第4学年	・表や式，折れ線グラフ	・簡単な割合	・表や式，折れ線グラフ ・簡単な割合
第5学年	・簡単な場合についての比例の関係	・単位量当たりの大きさ ・割合，百分率	・簡単な場合についての比例の関係 ・単位量当たりの大きさ ・割合，百分率
第6学年	・比例の関係 ・比例の関係を用いた問題解決の方法 ・反比例の関係	・比	・比例の関係 ・比例の関係を用いた問題解決の方法 ・比

2.「変化と関係」の領域で育成を目指す資質・能力

　数学的な見方・考え方は，「変化と関係」の領域で育成を目指す資質・能力も含まれている。

　「①伴って変わる二つの数量の変化や対応の特徴を考察すること」は「関数の考え」であり，「②ある二つの数量の関係と別の二つの数量の関係を比べること」は「割合」である。そして，「二つの数量の関係の考察を日常生活に生かす」は，①や②の内容を理解を深めるための「活用」である。

（1）関数の考え

　関数の考えとは，数量や図形について取り扱う際に，それらの変化や対応の規則性に着目して，事象をよりよく理解したり，問題を解決したりすることである。この考えの特徴は，ある数量を調べようとするときに，そ

れと関係のある数量を見いだし，それらの数量との間にある関係を把握して，問題解決に利用するところにある。それは，次のような過程を経る。

> ア．伴って変わる二つの数量の関係に着目する
> イ．変化や対応の特徴を考察する
> ウ．見いだした変化や対応の特徴を，表現したり，説明したり，活用したりする。

ア．伴って変わる二つの数量の関係に着目する

　ある数量の大きさを知りたいとき，その数量を直接考察することが難しい場合などに，他の関係する数量に置き換えて考察できないかと考え，ある数量が他のどんな数量と関係が付けられるかを明らかにしていく。例えば，第4学年「変わり方」の場合では，ひごを14本全部使って長方形を作る活動から，「縦3本，横4本」，「縦5本，横2本」という二つの値の組がいくつかあることに気付く。さらに，二つの値の和がいつも7になると閃く子どももいる。こうした気付きや閃きをもとに，まだ見つけていない二つの値の組についても調べたり，それらの関係に着目したりする。

イ．変化や対応の特徴を考察する

　二つの数量の関係を，表や式，グラフを用いて表現し，また，読み取ることを通して，二つの数量の変化や対応の特徴を見いだしていくことである。第4学年「変わり方」の場合では，見いだした二つの値の組を並び変えて，表のかたちにする（図2-3-1）。

　そして，並び替えした表を，横に見て「一方が1ずつ増えると，他方は1ずつ減る」という変化の特徴や，縦に見て「二つの値の和はいつも7になる」という対応の特徴を見いだす。

ウ．見いだした変化や対応の特徴を，表現したり，説明したり，活用したりする。

　表，式，グラフなどの様々な数学的表現を用いて，思考の過程や結果を

第6節 変化と関係

縦の本数（本）	3	2	4	5	1	6
横の本数（本）	4	5	3	2	6	1

→

1	2	3	4	5	6
6	5	4	3	2	1

並び替え

図2-6-1

表現したり，説明したりすることや，様々な問題解決に活用したりすることである。第4学年「変わり方」の場合では，例えば，言葉の式に表してみる。具体的な二つの値を使って式に表すことから始め，「縦の本数」「横の本数」「全体の本数」の関係を捉えたところで，言葉の式に表す。その過程において，表と同じように，変化の特徴や対応の特徴を式でも確認することができる（図2-6-2）。

1ずつ増える　1ずつ減る

$$
\begin{array}{c}
1 + 6 = 7 \\
2 + 5 = 7 \\
3 + 4 = 7 \\
4 + 3 = 7 \\
5 + 2 = 7 \\
6 + 1 = 7
\end{array}
$$
　和はいつも7

縦の本数　横の本数　全体の本数

図2-6-2

また，ひごの本数を変えた場合は，変化の特徴や対応の特徴がどのように変わるのか，調べてみることは，関数の考えを活用することであり，発展的に考えることである。

（2）割合

二つの数量の関係と別の二つの数量の関係を比べるとは，A，Bという二つの数量の関係と，C，Dという二つの数量の関係どうしを比べることである。ここで，比べ方には大きく分けて，差を用いる場合と割合を用いる場合があると考えられる。「A君はBさんより3歳年上である。Cさん

はD君より5歳年上である。どちらの方が年齢差があるか。」は，差でみて比べている。一方,「シュートのうまさ」を,「シュートした数」と「入った数」という全体と部分の関係に着目して比べるのは，割合でみて比べている。また，速さを比べる場合のように，距離と時間などの異種の量についての関係どうしを比べる場合も，割合でみていくことになる。

　二つの数量の関係どうしを割合でみて比べる際は，二つの数量の間に比例関係があることを前提としている。「シュートのうまさ」の例で言うと，0.6の割合で入る「うまさ」というのは，10回中6回入る，20回中12回入る，30回中18回入る…などを,「同じうまさ」という関係としてみていることを表している。そして，この前提に基づいて，数量の関係どうしを比べたり，知りたい数量の大きさを求めたりしている。このように，割合では，個々の数量そのものではなく，比例関係にある異なる数量を全て含めて，同じ関係としてみている点が特徴である。それは，次のような過程を経る。

ア．二つの数量の関係に着目する

　日常の事象において，割合でみてよいかを判断し，二つの数量の関係に着目することである。例えば，第4学年では，日常の事象において，比べる対象を明確にし，比べるために必要な二つの数量を，割合でみてよいかを判断する。そして，一方を基準量としたときに，他方の数量である比較量がどれだけに相当するかという数量の関係に着目する。

イ．数量の関係どうしを比べる

　図や式を用いて数量の関係を表したり，表された関係を読み取ったりしていくことで，割合や比を用いて数量の関係どうしを比べることである。例えば，第4学年では，日常生活の場面で，二つの数量の組について，基準量をそれぞれ決め，基準量を1とみたときに，比較量がどれだけに当たるかを，図や式で表す。そして，個々の数量の大きさと混同することなく，割合を用いて，数量の関係どうしを比べ，考察していく。

（3）活用

　変化や対応の特徴を考察した結果，見いだされた規則性などを，問題の解決や日常生活に生かしていくことが大切である。例えば，第6学年では，日常生活で，比例の関係を用いて効率的に解決する場面において，比例の関係についての変化や対応の特徴を問題の解決に生かしたり，比例の関係を用いた問題解決を振り返って問題解決の妥当性を検討したり，よりよい解決へと改善したり，条件や視点を変えてさらに発展させたりすることである。また，二つの数量の関係どうしを割合や比で比べた結果を，日常生活での問題の解決に生かしていくこともある。

§2　「変化と関係」の指導

1. 割合

　日常における比べ方には大きく分けて，差を用いる場合と割合を用いる場合がある。割合でみて比べるとは，二つの数量を，個々の数量ではなく，数量の間の乗法的な関係で見ていくことである。

　割合でみて比べるものに，同種の二量の割合がある。

　同種の二量の割合は，「2つの数または同種の量A，Bについて，AがBの何倍であるかを表した数 p を割合という」と定義でき，$p = A \div B$ で求められる（このときのAは比べる量，Bはもとにする量）。この割合を求める方法を第1用法という。そして，もとにする量（B）と割合（p）がわかっていて，比べる量（A）を求める方法を，第2用法という。さらに，比べる量（A）と割合（p）がわかっていて，もとにする量（B）を求める方法を第3用法という。

> 第1用法　p＝A÷B
> 　まが玉づくりの希望者25人は，定員20人の何倍ですか。
> 第2用法　A＝B×p
> 　陸上クラブの定員は15人で，希望者は定員の0.8倍です。
> 希望者は何人ですか。
> 第3用法　B＝A÷p
> 　科学クラブの希望者は24人です。これは定員の1.6倍にあたります。
> 　科学クラブの定員は何人ですか。

児童の抵抗が大きいのは，逆思考の第3用法である。順思考の第2用法において，数直線や線分図，関係図（図2-6-3）を使ってしっかりと理解させ，演算が判断できるようにさせることが大切である。

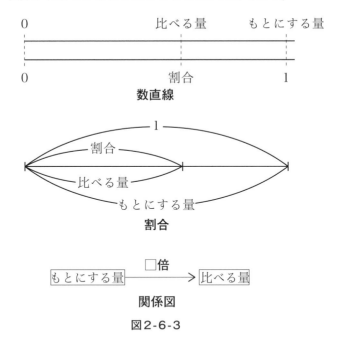

図2-6-3

第6節　変化と関係

　全国学力・学習状況調査の結果（平成29年度B⑤正答率13.5％，平成28年度Ⓐ9正答率51.2％）に見られるように，割合の指導は容易でない。そこで，割合が2，3，4などの整数で表される簡単な場合を第4学年で扱う。図や式を用いて，数量の関係を明瞭，的確に表したり，それらから数量の関係を適切に読み取って判断したりしていくことが大切である。

＜異種の二量の割合＞

　速さを比べる場合のように，距離と時間などの異種の量についての関係どうしを比べる場合も，割合でみていく。

　速さなど単位量当たりの大きさの学習においては，まず，一つの量だけでは比較することができない事象に着目することが大切である。次に，そのような量は，どのようにすると比べることができるかを考えたり，数値化することができるかを考えたりすることが大切である。さらに，例えば速さであれば，単位時間当たりに移動する長さとして捉えたり，一定の長さを移動するのにかかる時間として捉えたりするなど，目的に応じた処理の仕方を工夫することが大切である。

　具体的には，3つの部屋の混み具合を調べる場合は，図2-6-4のよう

部屋割り

	A室	B室	C室
たたみの数	10まい	10まい	8まい
子どもの数	6人	5人	5人

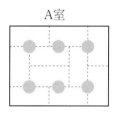
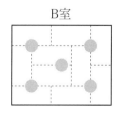
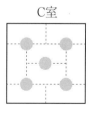

図2-6-4（わくわく算数5年，新興出版社啓林館，p.147）

第2章 算数科の内容

に視覚的に捉えさせるとよい。

　どちらか一方の量を単位量にそろえる場合，どちらの量をとってもよく，この場合は，畳1枚当たりの人数と子ども1人当たりの枚数のどちらで比べてもよい。しかし，人口密度，速度など，単位量をどちらにするかが決められているものがある。

＜速さ＞

　速さも，異種の二量の割合で表すことができる。速さは，単位時間当たりに進んだ長さで定義される。「速さ＝道のり÷時間」「道のり＝速さ×時間」「時間＝道のり÷速さ」の3用法は，公式として覚えさせるのみではなく，歩いて時間と距離を測る体験的活動や，数直線や線分図を使って概念を豊かに理解することが大切である。

2．比例

　比例の意味として，次のようなことを挙げることができる。

① 　二つの数量A，Bがあり，一方の数量が2倍，3倍，4倍，…と変化するのに伴って，他方の数量も2倍，3倍，4倍，…と変化し，一方が，$\frac{1}{2}$, $\frac{1}{3}$, $\frac{1}{4}$, …と変化するのに伴って，他方も，$\frac{1}{2}$, $\frac{1}{3}$, $\frac{1}{4}$, …と変化するということ。

② 　①の見方を一般的にして，二つの数量の一方がm倍になれば，それと対応する他方の数量もm倍になるということ（図2-6-5）。

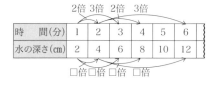

　　表を横にみる見方　　　　　　　表を縦にみる見方
　　　　図2-6-5　　　　　　　　　　図2-6-6

③ 二つの数量の対応している値の商に着目すると，それがどこも一定になっているということ（図2-6-6）。

①と②は，表を横にみる見方である。小学校の比例の定義となる。
③は，表を縦にみる見方で，中学校の比例の定義となる。

3. 関数の表現

関数の表し方には，代表的なものとして，表，式，グラフがある。

＜表＞

表は，伴って変わる二つの数量について，対応する値の組をいくつか取り出して，それらを順に並べたものである。変化と対応の様子を表したり，変化と対応の特徴を見つけたりする上で有効である。また，表をもとに，数量の関係を式に表したり，グラフをかいたりすることができる。さらに，実験や観察によって得られたデータを記録する手段としても用いられる。

表による表現の欠点は，表で表される数量の値が離散的であり，連続量をそのまま表すことはできない。

指導に当たっては，伴って変わる二つの数量において，対応する値の組を取り出すことから始める。次に，対応する値の組を変化させながら表に記録し，変化と対応の特徴を見つけるようにする。

＜式＞

式による表現は，数量の関係を簡潔に，そして厳密に表すことができる。また，形式的に処理することも可能である。

式は，対応の規則を表現するとともに，xの値に対応するyの値を求める計算手続きを示している。また，式をもとにグラフをかくことができる。指導に当たっては，具体的な問題場面において，表から，変化の様子を言葉の式や□，△などを用いた式に表したり，表された式から，数量の関係の特徴を読み取ったりすることができるようにする。式から数量の対応や変化の特徴を読み取るには，□，△などに複数の数を当てはめた結果を表

に整理して表したり，二つの数量の関係を言葉の式などで表したりすることが大切である。

＜グラフ＞

グラフは，数量の値が数直線上の点として表されることを利用して，対応する値の組を座標平面上に表したものであり，連続的な数量の対応を表現できる。また，伴って変わる二つの数量の対応を視覚的に捉えることによって，変化の様子を直観的，具体的に読み取ることができる。ただし，反比例のグラフでは，xに対応するyの値が必ず整数値になるとは限らず，近似値として読み取らなければならない場合もある。グラフに表すときには，有数個の点しか打つことができない。正確かつ完全に表すことができないという欠点がある。

比例のグラフをかくには，比例の式を使って，xの値に対応するyの値を求め，xとyの値の組を表す点をグラフ用紙の上にとって，それらの点をつなぐようにする。xの値を細かくとっていくと，対応するyの値も細かくなり，対応する点もしだいに直線に近くなっていくことから，直線上の点はすべて意味があることに気付くことが大切である。

［レポート課題］
1．割合の3用法について，それぞれに当てはまる問題を作りなさい。
2．1で作った問題を，数直線，線分図，関係図に表しなさい。

第7節
データの活用

§1　データの活用の指導内容の概観

1．内容の領域「D データの活用」とそのねらい

　統計に関する内容は，現行学習指導要領（平成20年告示）では内容の領域「D 数量関係」において位置付けられていたが，新学習指導要領（平成29年告示）では「D データの活用」として新たに領域として設定された。『幼稚園，小学校，中学校，高等学校及び特別支援学校の学習指導要領等の改善及び必要な方策等について（答申）』では，小・中・高等学校を通じての統計的な内容等の改善が挙げられており，中学校数学科においても「D 資料の活用」から「D データの活用」へと領域名称が改められ，小・中学校の一貫性を意識したものとなっている。

　『算数・数学ワーキンググループにおける審議の取りまとめ』においては，統計教育の資質・能力の三つの柱について次のように整理されている。

【知識・技能】
・統計に関する基本的な概念や原理・法則の理解
・統計的に分析するための知識・技能

【思考力・判断力・表現力等】
・不確定な事象について統計的な手法を適切に選択し分析する力
・データに基づいて合理的に判断し，統計的な表現を用いて説明する力

・統計的な表現を批判的に解釈する力
【学びに向かう力・人間性等】
・不確定な事象の考察や問題解決に，統計を活用しようとする態度
・データに基づいて予測や推測をしたり判断したりしようとする態度
・統計的な表現を批判的にみようとする態度

　小学校算数科における「Dデータの活用」の領域のねらいは，資質・能力の三つの柱に対応して，次の3つに整理される。
・目的に応じてデータを集めて分類整理し，適切なグラフに表したり，代表値などを求めたりするとともに，統計的な問題解決の方法について知ること
・データのもつ特徴や傾向を把握し，問題に対して自分なりの結論を出したり，その結論の妥当性について批判的に考察したりすること
・統計的な問題解決のよさに気付き，データやその分析結果を生活や学習に活用しようとする態度を身に付けること

2．データの活用の指導内容の概観

　新学習指導要領では，各領域の内容の示し方が「知識及び技能」と「思考力，判断力，表現力等」からなっており，これらを概観すると下記のようである。なお，「知識及び技能」に関しては，簡略化して項目を示す。

表2-7-1：データの活用の指導内容の概観

学年	知識及び技能	思考力・判断力・表現力等
第1学年	・絵や図を用いた数量の表現	・データの個数に着目し，身の回りの事象の特徴を捉えること
第2学年	・簡単な表やグラフ	・データを整理する観点に着目し，身の回りの事象について表やグラフを用いて考察すること

第3学年	・一次元の表 ・簡単な二次元の表 ・棒グラフ	・データを整理する観点に着目し，身の回りの事象について表やグラフを用いて考察して，見いだしたことを表現すること
第4学年	・二次元の表 ・折れ線グラフ	・目的に応じてデータを集めて分類整理し，データの特徴や傾向に着目し，問題を解決するために適切なグラフを選択して判断し，その結論について考察すること
第5学年	・円グラフ ・帯グラフ ・統計的な問題解決の方法 ・測定値の平均	・目的に応じてデータを集めて分類整理し，データの特徴や傾向に着目し，問題を解決するために適切なグラフを選択して判断し，その結論について多面的に捉え考察すること ・概括的に捉えることに着目し，測定した結果を平均する方法について考察し，それを学習や日常生活に生かすこと
第6学年	・代表値 ・ドットプロット ・度数分布表 ・柱状グラフ ・統計的な問題解決の方法 ・起こり得る場合の数	・目的に応じてデータを集めて分類整理し，データの特徴や傾向に着目し，代表値などを用いて問題の結論について判断するとともに，その妥当性について批判的に考察すること ・事象の特徴に着目し，順序よく整理する観点を決めて，落ちや重なりなく調べる方法を考察すること

　新学習指導要領においては，代表値が中学校数学科第１学年から第６学年に移行されている。また，第３学年で最小目盛りが２，５などの棒グラフや複数の棒グラフを組み合わせたグラフを取り扱うこと，第４学年で複数系列のグラフや組み合わせたグラフを取り扱うこと，第５学年で複数の帯グラフを比べることが，内容の取扱いにおいて示されている。

　第６学年のドットプロットに関しては，今までも内容の解説等で触れられており，教科書においても取り扱われてきたものであるが，〔用語・記号〕において明示されるようになった。

　第５学年，第６学年においては，統計的な問題解決の方法という方法知といえるものが知識及び技能において位置付けられていることに特徴がある。また，思考力・判断力・判断力等において，「結論について多面的に捉え」「妥当性について批判的に」といったように，考察の観点が示され

ている。

§2 データの活用の指導内容

1．データの種類と各学年で取り扱う表・グラフ

統計において扱うデータには，**質的データ**と**量的データ**がある。質的データは，性別や血液型，けがの種類などといったように，分類の違いで文字情報として記録して得られるデータである。量的データは，身長やボール投げの記録，金額などといったように，数量を数値情報として記録して得られるデータである。また，月ごとや年ごとの平均最高気温などのように，時間の変化に沿って記録して得られるデータは，**時系列データ**という。

低学年では質的データを中心に扱い，各データの個数を数えて簡単なグラフや表をつくる。第1学年では，大きさをそろえたり，均等に配置したりして絵グラフなどで表現する。第2学年では，データを分類整理する観点を決めて作成した簡単な表や，○などを並べて数の大きさを表現した簡単なグラフに表す。

第3学年では，質的データを集計し，日時や場所などの一つの観点で作成した**表**（一次元の表）に表したり，**棒**グラフに表したりする。また，一次元の表をまとめた簡単な二次元の表や量的データについても取り扱う。

第4学年では，質的データを中心に，けがした場所と種類などの2つの観点でデータを分類整理し，**二次元の表**を作成する。また，時系列データについても取り扱い，それを**折れ線グラフ**に表す。

第5学年では，質的データや量的データを割合の観点で捉え，それを表に表したり，**円グラフ**や**帯グラフ**に表したりする。また，ある図書館で各年に貸し出した本の種類の割合といった年次変化で得られたデータのような複数のデータを比較する際に，複数の帯グラフで比べることを行う。

第6学年では，量的データについて，分布の中心やばらつきといった分

布の様子を分析する。クラスのボール投げの記録を例にすると、長さの目盛りをとった数直線上に、クラスの各児童のボール投げの記録を点（ドット）で表し、同じ記録を積み上げることで、クラスのボール投げの記録の分布の様子が**ドットプロット**として表現され、その特徴を捉えることができる。また、分布の様子を数量的に捉えやすくするために、数量を「〇〇以上△△未満」といったいくつかの区間（**階級**）に分けて、各区間に当てはまるデータの数（度数）を対応させて表にまとめることで、**度数分布表**ができる。階級の幅を横、度数を縦とした長方形を隙間なくつなげて、度数分布表をグラフとして表したものが**柱状グラフ**である。

中学校第1学年では、柱状グラフをヒストグラムとして学習し、階級の幅を変えてヒストグラムを作り直し、分布の様子をより的確に捉えることをする。また、大きさの異なる2つの集団について、度数を割合の観点で捉え直した相対度数を用いて比較したりする。

2．測定値の平均と代表値

（1） 測定値の平均

第5学年では、測定した結果の妥当な数値として測定値の平均を指導する。測定した結果を平均するには、多いところから少ないところへ移動してすべてが同じになるようにならす方法や、すべてをたし合わせて等分する方法があり、それらの方法を関連させて指導することが大切である。

測定値には必ず誤差が伴うため、測定値を平均することで、測定する対象がもつ真の値に近い値を得ることができる。

例えば、右の図のように10歩ずつ歩いた距離を測

実験1

実験回数（回目）	1	2	3	4	5
10歩の距離(m)	6.23	6.36	6.21	6.30	6.35

実験2

実験回数（回目）	1	2	3	4	5
10歩の距離(m)	6.24	6.18	6.28	4.95	6.26

図2-7-1

定した値は，実験を繰り返しても同じにはならない。これは歩幅やそれを測定する際に誤差が生じるためである。そのため，(6.23＋6.36＋6.21＋6.30＋6.35)÷5＝6.29 として平均値を求め，6.29m を 10 歩の距離とする。このとき，測定値の誤差を考慮すると，平均した値も同じ桁数程度にするのが普通である。

実験2の4回目のように，他の測定値から飛び離れた値がある場合については，同じように正しく測定されているかを確認する。そして，他の測定値と同条件でない場合は除き，他の4回で測定値の平均を求める。

（2）代表値

量的データの特徴を読み取る際に，データの分布の特徴をある観点に立って1つの数値に代表させることがあり，その値を**代表値**という。1つの数値で表すことで，データの特徴を簡潔に表すことができ，複数のデータの比較が容易になる。代表値には，平均値，中央値，最頻値などが用いられる。1つの値で簡潔に表すことができる反面，分布の形など失われる情報があるため，それぞれの特徴を捉えることが必要である。

平均値は，「個々のデータの値の合計÷データの個数」で求められる値である。**中央値**は，データを大きさの順に並べたときに，中央になる値である。**最頻値**は，データの中で最も多く現れる値である。

例えば，図2-7-2のようなドットプロットにおいて，平均値は，3.3本であり，最頻値はドットが最も高く積み上がった2本である。中央値は，データの数が20個であるので，小さい方から10番目と11番目の値2本と3本の平均値2.5本である。なお，10本

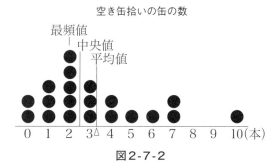

図2-7-2

のデータを除いて，19個のデータで考えると，平均値は2.9本であり，最頻値は2本，中央値は10番目の値である2本となる。極端に大きい値や小さい値があった場合，平均値はその影響を受けやすいが，最頻値や中央値は影響を受けにくい。

3．統計的な問題解決

新学習指導要領では，数学的活動を重視しており，数学的活動においては問題発見・解決の過程が重要である。その問題発見・解決の過程は，現実の世界と数学の世界の2つの側面から捉えられる。算数では確定的な事象を扱うことが多いが，現実の世界では結果が定まっていない不確定な事象の問題を解決していくことも求められる。統計的な問題解決は，そのような不確定な事象を対象とする。

統計的な問題解決活動としては，「問題（Problem）―計画（Plan）―データ（Data）―分析（Analysis）―結論（Conclusion）」という5つの段階からなる統計的探究プロセス（**PPDACサイクル**）が挙げられる。これは次の一連のプロセスである。

① 元々の問題意識や解決すべき事柄に対して，統計的に解決可能な問題を設定する。(Problem)
② 設定した問題に対して集めるべきデータと集め方を考える。(Plan)
③ 立てた計画に従って実際にデータを集め，表などに分類整理する。(Data)
④ 集めたデータに対して，目的やデータの種類に応じてグラフにまとめたり，代表値などを求めたりして特徴や傾向を把握する。(Analysis)
⑤ 見いだした特徴や傾向から問題に対する結論をまとめて表現したり，さらなる課題や活動全体の改善点を見いだしたりする。(Conclusion)

PPDACサイクルは，必ずこの順で進まなければならないものではな

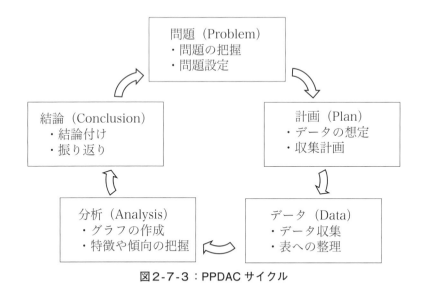

図2-7-3：PPDACサイクル

く，計画を検討している過程で問題が見直されることもあるように，相互に関連し合っているものとして捉えておく必要がある。

　統計的な問題解決は，各学年の児童の実態に合わせて指導する必要がある。それぞれの学年や授業のねらいに応じて，PPDACサイクルを視点に教材研究することが求められる。また，高学年においては，統計的な問題解決の過程を振り返るなどして，統計的な問題解決の方法として知ることができるようにし，その方法で考察することを通して理解を深めていくことが大切である。

§3　データの活用の指導

　本節では，データの活用における思考力・判断力・表現力等の育成の面に焦点を当て，高学年の事例を中心に検討する。

1．結論について多面的に捉え考察すること

　第5学年では，思考力・判断力・表現力等において，「結論について多面的に捉え考察すること」が示されている。ここではその指導について，平成20年度全国学力・学習状況調査（以下，○年度調査のように略す）の小学校算数B2の場面を基に考察する。平成20年度調査では，図2-7-4のような2つのグラフが示されている。

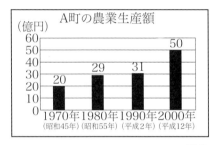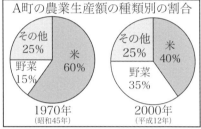

図2-7-4

　円グラフを見ると，米の生産額の割合が，1970年の60%に対し，2000年になると40%に減っていることがわかる。このことから「A町では米を作らなくなっているのではないか」という結論を考えたとする。このような結論に対して，別の観点から見直して異なる結論が導き出せるかを考察することが多面的に捉えて考察することである。授業においては，前述の結論が正しいかどうかについて，グラフを基に検討する活動が考えられる。このような活動においては，目的に応じてグラフなどを用いて数学的に表現して伝え合う活動が重要となる。

　例えば，前述の結論では棒グラフを見ると農業生産額は増えていることがわかる。そこで，米の生産額に着目して調べてみることの必要性に気付き，棒グラフから得られる農業生産額と円グラフから得られる割合から米の生産額を求めて比較する。米の生産額は，1970年が12億円，2000年

が20億円であるので，米の生産額自体は増えていることがわかり，「A町では米を作らなくなっているのではないか」と結論付けられないことがわかる。

さらに，得られた結果を説明するために，どのようなグラフで表現して説明したらよいかという目的をもち，図2-7-5のような積み上げ棒グラフで表せば，米の生産額が増えていることが伝わりやすくなるのではないかと考える。このように，結論について多面的に捉えて考察することで，何を説明したいのかという目的に合わせたグラフを検討する活動にもつながる。

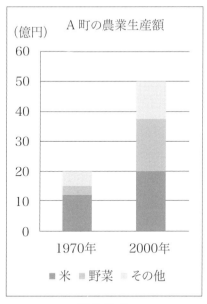

図2-7-5

2．妥当性について批判的に考察すること

第6学年では，思考力・判断力・表現力等において，「妥当性について批判的に考察すること」が示されている。ここではその指導について，平成28年度調査の中学校数学B5の場面を基に考察する。ボウリング場の貸し出し用の靴をすべて新しいものに買い替えようとする際に，図2-7-6のような情報を調べた場面である。

この場面において，「貸し出しされた靴のサイズの平均値は24.5cmだから，24.5cmのサイズの靴を最も多く買うのがよい」と判断する意見があったとする。このような判断が妥当であるかどうかを批判的に考察する活動が考えられる。

第7節　データの活用

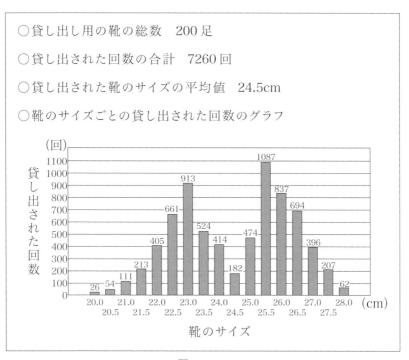

図2-7-6

　本事例の場合，「平均値が24.5cmである」という事実それ自体は誤りではない。しかし，グラフを見ると24.5cmの靴の貸し出し数は少ないことがわかる。したがって，この場合，データの特徴を表す値として用いることは適切ではないと考えられ，平均値を根拠に判断することは妥当とはいえない。靴を最も多く買うという目的に対しては，「最も多く貸し出された靴」を買う方がよいので，判断の根拠となる代表値としては最頻値（25.5cm）を用いて判断することが妥当であると考えられる。

　代表値を用いる場合，データの特徴や代表値を用いる目的に応じて判断することが必要である。一般に，本事例のグラフのようなデータが2つの山のように分布している場合，平均値や中央値は代表値として用いること

115

はふさわしくない。このように批判的に考察することを通して，代表値の用い方についての理解も深まるものと考えられる。

　妥当性について批判的に考察することに関しては，本事例のように結論に対してだけでなく，計画やデータ，分析といった問題解決の過程が妥当であるかを検討することも考えられる。また，新聞，雑誌，テレビやインターネットなどでの第三者による統計を用いた主張が，信頼できるだけの根拠を伴ったものであるかどうかを検討することも考えられる。

[レポート課題]
1．データの活用の指導内容のグラフにおいて，それぞれのグラフで表現するよさについて，具体的な例を挙げて説明しなさい。
2．自分で問題を設定し，PPDAC サイクルでの問題解決活動を行い，その過程を振り返ってレポートにまとめなさい。

第8節

数学的活動

§1 算数的活動から数学的活動へ

1．学習指導要領（平成10年告示）における「算数的活動」

「数学的活動」に先行して小学校教育に登場した「算数的活動」という言葉は，平成10年7月の教育課程審議会答申の（イ）改善の具体的事項（小学校算数科）の中で「教育内容を厳選し，児童がゆとりをもって学ぶことの楽しさを味わいながら数量や図形についての作業的・体験的な活動など算数的活動に取り組み，数量や図形についての意味を理解し，考える力を高め，それらを活用していけるようにする」と初めて記述された。この答申を受け，平成10年12月に学習指導要領が改訂され，「算数科」の目標の中に登場することになる。

> 数量や図形についての算数的活動を通して，基礎的な知識と技能を身に付け，日常の事象について見通しをもち筋道を立てて考える能力を育てるとともに，活動の楽しさや数理的な処理のよさに気付き，進んで生活に生かそうとする態度を育てる。

算数科の授業を主体的で楽しく，そしてわかりやすく感動のあるものへと改善するキーワードが「算数的活動」であるわけだが，教育課程審議会答申から平成10年告示の学習指導要領で扱われている「算数的活動」は，

算数科の授業の中でこれまで，作業的・体験的な外的活動が必ずしも十分行われてこなかったことを踏まえて提起されている経緯から，平成11年に発刊された『小学校学習指導要領解説 算数編』において，「算数的活動」というのは，児童が目的意識をもって取り組む算数に関わりのある様々な活動と定義しつつ，外的な活動に加えて内的な活動についても言及していることにも注目しておきたい。このような，授業改善への要請と視点を確認した上で，平成20年公示の学習指導要領ではさらにどのような提案がなされたのかを見ていくこととする。

2．学習指導要領（平成20年告示）における「算数的活動」

> 算数的活動を通して，数量や図形についての基礎的・基本的な知識及び技能を身に付け，日常の事象について見通しをもち筋道を立てて考え，表現する能力を育てるとともに，算数的活動の楽しさや数理的な処理のよさに気付き，進んで生活や学習に活用しようとする態度を育てる。

算数的活動を通してという文言が，以下に続くすべてのセンテンスにかかっていることが特徴的である。このことは，算数的活動は，算数を学ぶための**方法原理**であるとともに，算数的活動をすること自体が学ぶという意味で**内容**そのものであるともいえる。また算数的活動は，「算数的活動の楽しさ」や数理的なよさに気付き，生活や学習に生かそうとする態度を育てるというまさしく算数を学ぶことの**目的**であるともいうことができ，この内容と方法と目的としての「活動」という視点は，今回新しく登場した「数学的活動」でも同様に明確に主張されている。

平成20年告示の学習指導要領では，より一層の算数的活動の充実が求めているといえ，これからの学習指導は，算数的活動という方法と内容及び目標の観点から綿密にデザインされたものでなくてはならないことを示

しており，さらにその方向性を，平成29年告示の新学習指導要領（以下新学習指導要領と表記する）で「数学的に考える資質・能力」を育成する観点を徹底する意味から数学的活動として規定されることになった。

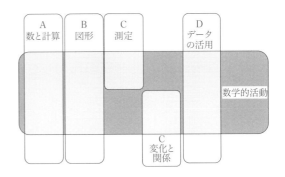

学習指導要領解説では，上のように数学的活動を，「A 数と計算」「B 図形」「C 測定」「C 変化と関係」及び「D データの活用」の5つの領域の関係について縦軸と横軸の関係にある教育課程全体の構造図として示していてわかりやすい。同時にこれは，「事象を数理的に捉え，算数の問題を見いだし，問題を自立的，協働的に解決する過程を遂行する」という活動の定義に従って位置付けられていることから，「数学的活動は，五つの領域の内容やそれらを相互に関連付けた内容の学習を通して実現されるものであり，数学的活動を五つの領域の内容と別に指導することを意味するものではない（上掲書 p.41）」ことを明確に示している点をここで再確認しておきたい。

§2 数学的活動とは何か

1．数学的活動の意味

新学習指導要領の算数科の目標において，「数学的な見方・考え方を働かせ，数学的活動を通して，数学的に考える資質・能力」を育成することを目指すとあり，実社会との関わりと算数・数学を統合的・発展的に構成していくことを意識して，数学的活動の充実等をさらに図ることが求めら

第2章 算数科の内容

れている。

上述したように新学習指導要領解説算数編の中での定義としては，「<u>数学的活動とは，事象を数理的に捉え，算数の問題を見いだし，問題を自立的，協働的に解決する過程を遂行することである。</u>」とされている。この定義に従えば，数学的活動の意味は，学びの過程の中で，①事象を数理的に捉えること，②算数の問題を見いだすこと，③自立的，協働的に解決すること，の3点に関わる活動であると考えることができる。

(1) 事象を数理的に捉える

事象を数理的に捉えるためには，「数学的な見方・考え方」を働かせることが必要である。「数学的な見方・考え方」とは，「事象を数量や図形及びそれらの関係などに着目して捉え，根拠を基に筋道を立てて考え，統合的・発展的に考えること」とされることから，まずは，どのように着目するかといった着眼点を大切にすることが，深い学びへの鍵となる。

(2) 算数の問題を見いだすこと

問題解決の過程において，問題を見いだす場面は下図破線円のように2

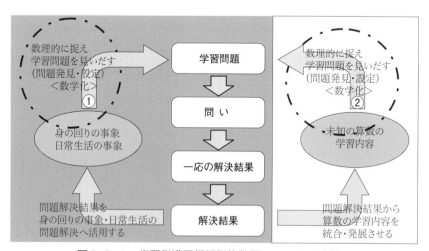

図2-8-1　学習指導要領解説算数編　p.73より改編

第8節　数学的活動

つの場合があるといえる。一つは，身の回り，日常生活の事象を数理的に捉え，数学的問題として自ら見いだし，それを学習問題として問うていく一連の問題発見・課題設定の数学的活動（図2-8-1内①）であり，もう一つは，未知の算数の学習内容を数理的に捉え，数学的問題として自ら見いだす中で，主体的に学習問題として取り組もうとする数学的活動（図2-8-1内②）である。いずれも，学習問題が，教科書の中に突然現れる問題でなく，日常やこれまでの学習の中に位置付くことによって，学習問題に対して主体的な「問い」が発生し，問題解決力として生きて働く力を育成する目標に照らして，能動的で深い学びに至る一連の思考活動を志向していることに注目すべきである。これらの左右に表された数学的活動は，分離したものでなく，指導の中で，学年に応じて重みづけをしながらも，自在に往還していくダイナミックな学習活動でなければならない。下学年においては，同解説の図（p.73）に示されているように，これまで算数的活動においても大切にされてきた，身の回りの事象を観察したり，実体験したことから算数を見いだしたり（図2-8-2内①）学習場面や生活場面を追体験したり，具体的操作を通して学習場面に向かう活動（図2-8-2内②）を大切にして，いずれも主体的に楽しく学習問題に向かっていくように学習過程を設定していくことが重

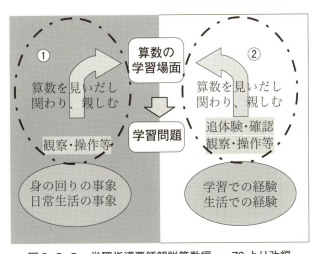

図2-8-2　学習指導要領解説算数編　p.73より改編

要である。小学校下学年では特に，このように日常生活に深く関わり，日常生活の場面を数理化して捉えるという意味をしっかりと理解して「数学的」という言葉から，中・高等学校で扱うような抽象的で論理的な活動内容まで含まれると誤解しないように留意する必要がある。

（3）自立的，協働的に解決する

問題解決の過程の中で，いわゆる練り上げといわれるような意見の交流や議論などは極めて重要な深い学びを実現する要素である。対話的な学びを取り入れていくことにより，自分の考え方が自覚できる（メタ認知の形成）。また，友達の考えを取り入れたり比較検討することによって，よりよい解決に向かう過程が実現され，深い学びに至る学習が期待できる。その意味で自立と協働は相反するものでなく，解決の際の重要な相補的活動であり，思考力，判断力，表現力等を高めたり，算数を学ぶことの楽しさや意義を実感したりするために極めて重要な役割を果たしている。新学習指導要領解説算数編では，（4）数学的活動の取組における配慮事項の中に次の4点が示されていることにも注目したい。

---

①数学的活動を楽しめるようにする機会を設けること。
②算数の問題を解決する方法を理解するとともに，自ら問題を見いだし，解決するための構想を立て，実践し，その結果を評価・改善する機会を設けること。
③具体物，図，数，式，表，グラフ相互の関連を図る機会を設けること。
④友達と考えを伝え合うことで学び合ったり，学習の過程と成果を振り返り，よりよく問題解決できたことを実感したりする機会を設けること。

このような文脈から，数学的活動について，友達と一緒に算数を楽しむための活動であること，そして学習者自からが主体的で自立的な学習への改善に生かす情報を得，さらに算数の有用性を感得できるようにという深い意義を再確認したいものである。

次に，6年間の内容における数学的活動の類型一覧を示す。

第8節　数学的活動

　ここでは新学習指導要領で小学校算数科の内容として示された数学的活動ア，イ，ウ，エが「数量や図形を見いだし，進んで関わる活動」「日常の事象から見いだした問題を解決する活動」「算数の学習場面から見いだした問題を解決する活動」「数学的に表現し伝え合う活動」の4項目として構成し直されている。

数学的活動一覧

	数量や図形を見いだし，進んで関わる活動	日常の事象から見いだした問題を解決する活動	算数の学習場面から見いだした問題を解決する活動	数学的に表現し伝え合う活動
第1学年	身の回りの事象を観察したり，具体物を操作したりして，数量や形を見いだす活動	日常生活の問題を具体物などを用いて解決したり結果を確かめたりする活動	算数の問題を具体物などを用いて解決したり結果を確かめたりする活動	問題解決の過程や結果を，具体物や図などを用いて表現する活動
第2・3学年	身の回りの事象を観察したり，具体物を操作したりして，数量や図形に進んで関わる活動	日常の事象から見いだした算数の問題を，具体物，図，数，式などを用いて解決し，結果を確かめる活動	算数の学習場面から見いだした算数の問題を，具体物，図，数，式などを用いて解決し，結果を確かめる活動	問題解決の過程や結果を，具体物，図，数，式などを用いて表現し伝え合う活動
第4・5学年		日常の事象から算数の問題を見いだして解決し，結果を確かめたり，日常生活等に生かしたりする活動	算数の学習場面から算数の問題を見いだして解決し，結果を確かめたり，発展的に考察したりする活動	問題解決の過程や結果を，図や式などを用いて数学的に表現し伝え合う活動
第6学年		日常の事象を数理的に捉え問題を見いだして解決し，解決過程を振り返り，結果や方法を改善したり，日常生活等に生かしたりする活動	算数の学習場面から算数の問題を見いだして解決し，解決過程を振り返り統合的・発展的に考察する活動	問題解決の過程や結果を，目的に応じて図や式などを用いて数学的に表現し伝え合う活動

(小学校学習指導要領解説算数編より作成)

§3. 数学的活動の楽しさについて

新学習指導要領の算数科の目標の（3）には、「<u>数学的活動の楽しさや数学のよさに気付き</u>，学習を振り返ってよりよく問題解決しようとする態度，算数で学んだことを生活や学習に活用しようとする態度を養う。」とあり，態度面や情意的な観点から目標が設定されている。ここでは，特に「数学的活動の楽しさ」について考察する。

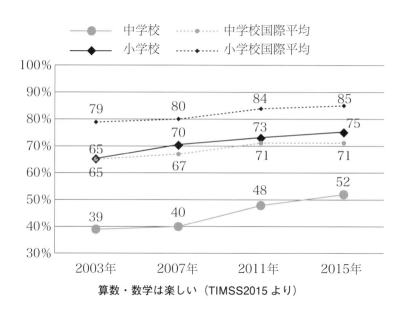

算数・数学は楽しい（TIMSS2015 より）

国際教育到達度評価学会（IEA）が，児童生徒の算数・数学，理科の到達度を国際的な尺度によって測定し，児童生徒の学習環境等との関係を明らかにするために実施した，国際数学・理科教育動向調査（TIMSS2015）を見ると，上のグラフのように，小学校，中学校ともに，「算数・数学は楽しい」と思う児童生徒の割合は増加し，中学校においては，国際平均と

の差が縮まっている傾向が見られるのであるが，国際的に比較するとまだまだ課題が残る結果が報告されており，この状況は現在でも改善されていない。また，同様に「算数は苦手だ／数学は得意教科ではない」かという質問の分析から「得意である」という児童の割合も国際平均より低い結果が出ており，算数学習に楽しさを感じ，算数が苦手でなくなるような授業デザインの構想が算数科目標において強く望まれている背景をここに求めることができる。

　この課題の系譜については，平成20年の学習指導要領解説にも，「算数的活動の意義」として次の7点にまとめられている（pp.171-172）ことも参照しておきたい。「①算数の授業を児童の活動を中心とした主体的なものとする。②算数の授業を児童にとって楽しいものとする。③算数の授業を児童にとって分かりやすいものとする。④算数の授業を児童にとって感動のあるものとする。⑤算数を日常生活や自然現象と結び付いたものとする。⑥算数の授業を創造的，発展的なものとする。⑦算数と他教科等を関連させる活動を構想しやすいものとする。」

　算数的活動は，数学的活動へと用語の変更，統一がなされることになるが，これらの意義は学習指導要領変遷の中でも脈々と受け継がれ発展し，「主体的・対話的で深い学び」を志向する中で，さらに確固たるものとなったと言っていいだろう。

　上記7点の意義を踏まえつつ，次に楽しい授業づくりに関して①学ぶ過程を楽しむ，②協働の学びを楽しむ，③よさの気付きを楽しむ，の3つのアスペクトから数学的活動を考えていくことにしよう。

（1）**学ぶ過程を楽しむ**

　問題解決の結果が最も重要という考え方を脱皮し，解決過程をモニタリングできるノート指導を工夫したり，解決過程を振り返って，得られた結果を捉え直し検討することの意味を味わう場面を設定することによって「間違った」「失敗した」という感覚から，間違ったことに気付けたことで

「もう間違わない自信ができた」とか「失敗」から「失敗しない方法」を見いだすことができたといった，試行錯誤したり，回り道する過程すら生産的失敗（プロダクティブ・フェイリャー）と考える思考活動の意味付け，価値付けによって，考える活動を楽しみ味わう授業へと変革させていくことができるだろう。

　児童が目的意識をもって主体的に取り組むためには，日常生活に目を向け，その中で感じる問いの発生から問題を設定していく工夫も重要である。また，問題に取り組ませる際に，「数学的な見方・考え方」を働かせた学習を展開するように留意するとともに，問題の理解，解決の計画，解決の実行，解決したことの検討，結果の振り返りといった一連の学習過程について言語活動を充実させることによって子ども中心の主体的な学びとなるようにすることが，「数学的活動を通して」という算数科の目標に表現された意味である。そこからまた新たな疑問や問いが生まれるといったサイクルが，子どもたちに学ぶことの価値，喜びを感じさせることになるだろう。また，そうなるように，教師自身もカリキュラムマネジメントの発想を絶えずもち，授業評価・改善を不断に継続することが大切である。

（２）協働の学びを楽しむ

　対話的な学びによる協働学習の楽しさを味わわせることも重要な視点である。新学習指導要領解説では，上述したように「数学的活動一覧」の表の４列目において，「数学的に表現し伝え合う活動」が位置付けられており，１年生においては《問題解決の過程や結果を，具体物や図などを用いて表現する活動》，２・３年生においては《問題解決の過程や結果を，具体物，図，数，式などを用いて表現し伝え合う活動》，４・５年生においては，《問題解決の過程や結果を，図や式などを用いて数学的に表現し伝え合う活動》，６年生においては，《問題解決の過程や結果を，目的に応じて図や式などを用いて数学的に表現し伝え合う活動》（下線引用者）というように，学年に応じて，表現活動から表現し伝え合うことの意義において，深い学

びの重要性とともに充実，深化させることが求められていることに注目したい。例えば第6学年においては，「言葉や図，数，式，表，グラフなどを適切に用いて，数量や図形などに関する事実や手続き，思考の過程や判断の根拠などを的確に表現したり，考えたことや工夫したことなどを数学的な表現を用いて伝え合い共有したり，見いだしたことや思考の過程，判断の根拠などを数学的に説明したりする活動である。」(同解説 p.72) とし，共有によって，根拠などを論理的，数学的に説明できる力を，「対話的に学び合う」活動の成果として求めていることは重要である。このような活動は従来「練り上げ」として重視されてきた集団解決場面における活動であるが，協働的，対話的に学び合うことの楽しさを味わわせながら，集団思考を高め，さらに授業の終わりには，新たな問題を見いだしたりして，統合的・発展的に考察を進めていく探究的な活動にまで高めていくことが大切である。このような学び合いの授業過程に，数学的な見方・考え方を働かせ，その集団的授業過程を通して「数学的に考える」ことのできる資質・能力を育てていきたい。

（3）よさの気付きを楽しむ

　算数科の目標にある「数学的活動の楽しさや数学のよさに気付き，学習を振り返ってよりよく問題解決しようとする態度，算数で学んだことを生活や学習に活用しようとする態度を養う」の中の「数学のよさ」を新学習指導要領解説では，「数量や図形の知識及び技能に含まれるよさもあるし，数学的な思考，判断，表現等に含まれるよさもあり，有用性，簡潔性，一般性，正確性，能率性，発展性，美しさなどの様々な視点から算数の学習を捉えることが大切である。」(p.28) とし，広く，算数・数学を学ぶことの意味を感じ，主体的に生活や学習に生きて働く力の源泉としての気付きと捉えていることは，「学びに向かう力・人間性等」として学年ごとにまとめられた資質・能力の表を見れば明らかである。

第2章　算数科の内容

学年	学びに向かう力・人間性等
第1学年	数量や図形に親しみ，<u>算数で学んだことのよさや楽しさ</u>を感じながら学ぶ態度
第2学年	数量や図形に進んで関わり，数学的に表現・処理したことを振り返り，<u>数理的な処理のよさ</u>に気付き生活や学習に活用しようとする態度
第3学年	数量や図形に進んで関わり，数学的に表現・処理したことを振り返り，<u>数理的な処理のよさ</u>に気付き生活や学習に活用しようとする態度
第4学年	数学的に表現・処理したことを振り返り，多面的に捉え検討してよりよいものを求めて粘り強く考える態度，<u>数学のよさ</u>に気付き学習したことを生活や学習に活用しようとする態度
第5学年	数学的に表現・処理したことを振り返り，多面的に捉え検討してよりよいものを求めて粘り強く考える態度，<u>数学のよさ</u>に気付き学習したことを生活や学習に活用しようとする態度
第6学年	数学的に表現・処理したことを振り返り，多面的に捉え検討してよりよいものを求めて粘り強く考える態度，<u>数学のよさ</u>に気付き学習したことを生活や学習に活用しようとする態度

学習指導要領解説　算数編（平成29年）資質・能力（「思考力，判断力，表現力等」「学びに向かう力，人間性等」）より抜粋（下線引用者）

　新学習指導要領の総則では，「次に掲げることが偏りなく実現できるようにするものとする。」として，①知識及び技能が<u>習得</u>されるようにすること，②思考力，判断力，表現力等を<u>育成</u>すること，③学びに向かう力，人間性等を<u>涵養</u>すること，の3点に整理されているが，この習得，育成，涵養が見事に使い分けられている点に注目すべきである。すなわち，①何を理解しているか・何ができるかに関わる，生きて働く「知識・技能」は<u>習得</u>が目標であり，②理解していること・できることをどう使うかに関わる未知の状況にも対応できる「思考力・判断力・表現力等」は，<u>育成</u>が目標となり，③どのように社会・世界と関わり，よりよい人生を送るかに関わる学びを人生や社会に生かそうとする「学びに向かう力・人間性等」については<u>涵養</u>が目標となっているわけで，到達目標と向上目標，もしくは成長目標と分けて目指す姿が示されているといえる。その文脈から，「数学のよさ」の感得は，主に③に関わるものであり，過程を重視した学びの

連続性の中，また生涯学び続ける中で，目指したい学びに向かう力の涵養と，人間性の形成に関わって重要な成長目標であるということができるだろう。

教育現場では「は・か・せ」とか「は・か・せ・どん」と呼ばれる合言葉がよく使われる。「はやい」・「かんたん」・「せいかく」・「どんなときでも」という言葉の頭文字を取った合言葉である。「数学のよさ」は，様々な様相があり，「役に立つ」と感じる「有用性」，「簡単だ」と感じる「簡潔性」「能率性」，「どんなときでも使える」と感じる「一般性」，「正しく表せる」という「正確性」，「こんなときも使える」と感じる「発展性」，さらには「美しい」と感じる「数学美」などがある。それらは，もっと算数を学習していきたいという意欲を高めることにつながったり，算数・数学学習を好きにならしめ，数学的資質・能力を高めていく原動力になるだろう。その意味から「よさの気付きを楽しむ」学習過程の構築，数学的活動の教師による創意工夫は，子どもの主体的な算数の学習を推進し，発展的，統合的な探究学習への入り口を押し開くとともに，新たな，楽しくかつ深い理解を紡ぎだすための必須の要件であるともいえるだろう。

［レポート課題］
1．数学的活動の意義について，「資質・能力」の観点から説明しなさい。
2．低・中・高学年それぞれ1学年ずつ選び，数学的活動を取り入れた学習指導案を作成しなさい。

第 3 章

学習指導

第1節

学習指導

§1 授業設計

　授業設計や授業計画という言葉に代わって近年「授業デザイン」という用語が用いられることも多くなってきている。このことは，学習指導をインストラクショナルデザイン（以下IDと表記）の観点から捉え直す動きと符合している。R.Mガニェ等の著した『インストラクショナルデザインの原理』には，「ティーチング（教えること）はインストラクションの一部にすぎない」とあり「インストラクションは学習者の内側と外側にある要因をすべて考慮して設計される」とされる。この知見に従えば，授業設計は，授業による学習者の変容に着目してなされるべきであり，IDでは，①分析（Analyze）②設計（Design）③開発（Develop）④実施（Implement）⑤評価（Evaluate）というADDIEモデルを重視することになる。新しい時代に対応する資質・能力を育成するための授業設計は，「教える」プロセスのみならず，子どもの「学習のプロセス」をいかにデザインしていくかに着

表3-1-1　『インストラクショナルデザインの原理』(p35より改編)

外的教授事象
1．学習者の注意を喚起する
2．学習者に目標を知らせる
3．前提条件を思い出させる
4．新しい事項を提示する
5．学習の指針を与える
6．練習の機会をつくる
7．フィードバックを与える
8．学習の成果を評価する
9．保持と転移を高める

目して，A・D・D・I・Eのサイクルを「カリキュラムマネジメント」の中に組み込んでいく視点も考慮すべきであろう。

IDという観点では，ガニェとブリッグス（1997）は，「9つの外的教授事象」を明らかにした。（表3-1-1）

ガニェ等は外的教授事象が学習者の内的プロセスに深く関係することを示しており，授業設計を考える上で考慮すべき枠組みといえよう。

次に「主体的・対話的で深い学び」が成立する学習指導の要件について，整理する。

§2 授業過程

1．問題解決学習

問題解決学習（Problem-Solving-Learning）は，J・デューイの学習理論に始まるが，学習の本質を，自ら問題を発見し解決していく能力を身に付けていくこととした意味から，アクティブ・ラーニングが注目されるとともに課題解決型学習（Project-Based Learning）と合わせ重要な学習指導法として位置付けられている。一方，「問題解決の授業」が算数・数学教育の中で登場したのは1980年に遡り，アメリカのNCTMの勧告 'An Agenda for Action' での「問題解決が1980年代の学校数学の焦点にならなければならない」が，その嚆矢となった。爾来，算数・数学教育における問題解決学習の過程について様々な研究や報告がなされてきたが，その根拠として最も参照されるのは，G.ポリアの 'How to solve it'『いかにして問題をとくか』（1945）で提唱された問題解決の4段階である。

（1）「問題の理解（把握）」Understanding the problem
（2）「計画を立てる」Devising a plan
（3）「計画の実行」Carrying out the plan
（4）「振り返る」Looking back

算数科の多くの授業研究においてもポリアの学習過程さながらに，①問題提示→②自力解決→③集団解決（練り上げ）→④まとめ，振り返り　という指導過程がしばしば実践されているが，この指導過程を経つつも，紋切り型の教師主導の授業とならないように，学習者の内面性を把握しつつ，主体的で深く学ぶ，有意味な学習が成立するような授業デザインを構想する必要がある。この問題解決の過程は，先述のIDの観点から，4段階は，「学習者の学習過程」であって，「授業者の指導過程」と認識されてはならないことに注意すべきである。

2．カリキュラム・マネジメント

「主体的・対話的で深い学び」は，単に上記の問題解決型学習や形式的に対話型やグループによる協働学習を取り入れた授業によって実現されるものではない。

授業の中での子どもたちの数学的な見方や考え方がどのように発現しているかの内面性に着目し，内面に構築される数学的な資質・能力がどのようなものであるのかを学習者側から検証する反省的実践によってこそ，質の高い深い学びを目指すことができるといえる。その意味では，教師本位の学習指導案検討ではなく，学習の在り方そのものの問い直しを日々の実践の中で進める「カリキュラム・マネジメント」の発想が重要である。

教育課程そのものが，一度作成すればよい固定的なものでなく，子どもの実態，内面性に適合しているか主体的・対話的で深い学びが成立しているか，といった観点によるPDCA（Plan-Do-Check-Act）サイクルの中で，日々更新されていく反省的授業設計でなければならないといえる。

§3 「主体的・対話的で深い学び」の算数指導

1．主体的な学び

　ガニェの9つの外的教授事象では,「1．学習者の注意を喚起する」「2．学習者に目標を知らせる」という段階が,主体的な学びのスタートラインとして重要だと考えられる。中央教育審議会初等中等教育分科会教育課程部会に「次期学習指導要領等に向けたこれまでの審議のまとめ」(2016)があるが,「算数・数学科において育成を目指す資質・能力の整理(案)(別添資料4-1)」に示された【資質・能力の育成のために重視すべき学習過程の例】では［疑問や問いの気付き］［問題の設定］［問題の理解］［解決の計画］［解決の実行］［解決したことの検討］［解決過程や結果の振り返り］［新たな疑問や問いの気付き］という学習過程が示されている。

　学習者主体の授業づくりでは「学習者の注意を喚起する」は外発的なものでなく内発的な［疑問や問いの気付き］を大切にしたものである必要がある。すなわち<u>学習者に「問い」が自然に発生</u>するような［問題の設定］過程に留意すべきである。

　そのことは,例えば「めあての設定」という場面でも同様で,ガニェの「2．学習者に目標を知らせる」を参照しつつも,教師が一方的に目標を提示するのではなく,「3．前提条件を思い出させる」過程を大切にし,学習者に既習事項を想起させながら,学習者自らが見通しをもって［問題が理解］され,自力で［解決の計画］が立てられるようにデザインされなければならない。

　また,次の過程では集団で［解決したことの検討］及び［解決過程や結果の振り返り］がなされるわけであるが,主体的な学びの観点からは,特に最後の［新たな疑問や問いの気付き］にも注目すべきである。

　授業の終末場面では,単に,収束的に知識や理解事項がまとめられるだけではなく,「<u>この場合はどうなるのだろう？</u>」とか「<u>もっと簡単な方法</u>

がありそうだ」など主体的に新たな「問いの発生」が促され，発展的，統合的に次の授業につながっていく螺旋上昇的な学習を目指したい。

２．対話的な学び

友達同士で学び合うことを重視した活動をピア・ラーニング（peer-learning）という。ヴィゴツキー（Vygotsky, L. S）の「発達の最近接領域（zone of proximal development）の理論」（３．にて詳述）によると，共同で学ぶ中に，その子の背伸びが自然と起こり，自分自身が取り入れるべきところを学び取ってそれぞれの水準を上げていく活動が活性化するとされる。子ども同士の「対話」による相互作用に注目し，**「ペア学習」**や**「グループ学習」**などを適切に取り入れることが重要である。

子ども同士の対話だけでなく，教師の発問においても，一方的な質問ではなく「対話的」に進めることによって，主体的な「気付き」が促進され，学習が深まっていくことにも留意が必要である。

３．深い学びと協働的な学び

発達の最近接領域は，ヴィゴツキーが提唱した発達の水準に関する概念で，「ひとりでできる」のが「現下の発達水準（A）」で，その上の「未発達なゾーン（B）」との間には，仲間とともにであったらできる領域が存在し，その部分が「発達の最近接領域」である。そして子どもの発達を促すには，この領域に注目することが

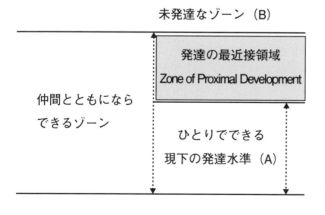

重要であるというのがヴィゴツキーの考えで，「自主的に解答する問題によって決定される現下の発達水準と，子どもが自主的に共同の中で問題を解く場合に到達する水準との相違が，子どもの最近接発達領域を決定する。(「思考と言語」p.298)」「共同の中では，子どもは自分一人でする作業のときよりも強力になり，有能になる。かれは，自分が解く知的難問の水準を高く引き上げる。(同書 p.300)」。一人での解決ではなく，協働的に粘り強く問題解決に当たるとき，子どもは，現下の発達を高く引き上げ，次の発達ゾーンへと達していくとしているわけで，学習場面で協働的な子ども同士の話し合い活動を重視することによって，練り上げなどの「深い学び」が成立すると考えることができる。

§4 「主体的・対話的で深い学び」と板書・ノート

1．板書

授業において教室の黒板やホワイトボードを活用した情報提示を「板書」という。黒板の場合は，通常チョークが使われるが，教師だけでなく，子どもが発表ボードと呼ばれる小さなホワイトボードに書いたものや，準備物として教師が事前に用意した掲示物も含めて通常「板書」と呼ぶ。

(1) 板書計画

板書計画とは，黒板の中に配置すべき情報についてその掲示の時系列及びレイアウトについてあらかじめ計画しておくことをさす。すなわち，授業の流れが一目でわかる授業構想そのものであるともいえる重要なプランニングの一つであり，学習指導案に示すことも多い。

留意点としては，①学習のねらい「めあて」が明示されていること，②授業の導入→展開→まとめと振り返りまでのすべての授業過程が整然と整理されていること，したがって，③板書は，授業が終わるまで消さないことが理想であるため，授業での重要な情報はすべて振り返ることができる

ようにすること（授業終了時にデジタルカメラ等で撮影しておくとよい），の3つが挙げられよう。

（2）ICTの活用

ICT（Information and Communication Technology：情報通信技術）の進歩により，板書の機能が飛躍的に拡張しつつある。それ故「主体的・対話的で深い学び」の過程でのICTの効果的な活用は，学習指導にとって重要な研究課題である。

①電子黒板・タブレット型コンピュータ等の活用

教示用としては，デジタル教科書や専用ソフトの開発によって紙媒体の教科書では実現できない立体の3Dでの表示，移動，展開などの動的表現，時間とともに変化する量等の提示は極めて容易なものとなった。今後VR（仮想現実）やAR（拡張現実）テクノロジーの発達により，教科書の内容の提示法そのものが大きく変化していく可能性も秘めている。一方，学習者からは，タブレット型のコンピュータを活用し，多数の思考過程や解決の様相，式表示を一挙に提示し，比較検討することや1時間の授業の振り返りのプレゼンテーションツールとすることも可能となった。また単元や学期，学年といった長いスパンの中でその情報を積み重ね，「数学的な見方・考え方」の成長を共有することもできるだろう。

これまでもOHC（over head camera：書画カメラ）を活用することで，リアルタイムにノートが提示できるメリットにより子どもたちの発表ツールとして多く利用されてきたが，その情報がいつでも見られるものとして保持しにくいという欠点も存在した。タブレット型コンピュータの保存機能を活用することでそのようなデメリットも克服することが可能で，動画データも授業の中で自由に活用できるようになってきている。

②ICT活用の留意点

算数科の内容は，時に抽象的でわかりにくいともいえる。その指導の困難さを克服すべく様々な教育ソフトやハードが開発され，わかりやすく，

楽しく授業が展開できる可能性は飛躍的に拡大してきた。ただ，あまりにも便利すぎて，考えさせることなく見せてしまう危険性も存在する。発達の段階や個性によって，おはじきや計算ブロックなどの具体物を実際に用いた活動や，体を使った体験を行うことが極めて重要な場面も存在する。子どもの発達の段階や個に応じた教材，教具の工夫やデジタルツールのハイブリッドな取り入れも含め検討しながら，安易な機械任せの発想ではなく，「主体的に深く考える」場面が設定されているかどうかについても絶えず検証しつつ取り入れることが重要である。ICTの活用を，万能薬として捉えるのではなく「主体的・対話的で深い学び」の実現のためのツールとして，どのようなメリットとデメリットがもたらされるかを，ある意味クリティカルに検討する観点も必要である。電子黒板やタブレット端末によって教材，教具，板書やノートが目覚ましく変容しつつあるが，現時点ではそれらの既存の機能のすべてを置き換えられるわけではない場合があることに注意が必要である。

　問いの発生や思考実験，そして疑問を大切に，時に実体験の数学的活動を取り入れながら，仲間と共に考えを深め，対話や議論を進めるために活用されれば，テクノロジーは算数科の目標である「数学的な見方・考え方」を育て，思考力，判断力，表現力を育成するための数学的活動の強力な支援ツールとなるであろう。

2．ノート指導と評価
（1）ノート指導

　ノートは，教師が書いた板書を写すものではなく，1時間の算数科の授業の中で，子どもが何に気付き，何を考え，何を学び取ったのかという足跡をきちんと残すために必要な学習ツールである。

　算数科の目標については，「①数量や図形などについての基礎的・基本的な知識及び技能を確実に習得し，②これらを活用して問題を解決するた

めに必要な数学的な思考力，判断力，表現力等を育むとともに，③数学のよさに気付き，算数と日常生活との関連についての理解を深め，④算数を主体的に生活や学習に生かそうとしたり，問題解決の過程を評価・改善しようとしたりするなど，数学的に考える資質・能力を育成する」（小学校学習指導要領解説　算数編　文部科学省（2017）付番号筆者）と要約されるが，ノートは，上記目標に照らした場合，①に対応して，基礎的・基本的な知識・技能を確実に習得するための「習得・習熟ノート，練習帳」としての意味合いを有しつつも，②思考力・判断力・表現力等を育成するための「考えるためのノート」としての役割，すなわち学習過程，思考過程がきちんと残るものでなければならず，さらには，③問題解決の過程を評価・改善し，数学的に考える資質・能力を育成するための「リフレクションノート」としての機能を有したものとして指導する必要があるといえるだろう。

（2）ノート指導の評価的意味

　評価は目的と実施時期によって，診断的評価（テストなどによる理解度やつまずきを把握するための評価）と形成的評価（学習の途中で行う，その後の学習の改善のための評価）と総括的評価（単元の終了時点，学期末などでどれだけの成果が得られたかを診断するための評価）の3つに分けられることがあるが，ノートはとりわけ形成的評価に大きな力を発揮する。思考過程をノートに表現させることで，教師が，授業中に机間指導する際，どこまで理解できているか，どこにつまずきがあるかを発見したり適切なアドバイスを与えることが可能となる。この机間指導は形成的評価の一つといえるし，その評価を授業中の指導の最適化に生かす「指導と評価の一体化」に大きな意味をもっている。

　近年メタ認知（認知の認知）能力の育成が注目されているが，認知心理学の側面からは，教師のメタ認知的支援による子どものメタ認知的活動の促進という意味で，ノート記述の形成的評価は重要である。また子どもの

学習活動にとっても，記述された思考過程や数学的表現がモニタリングされることによって，メタ認知的活動が促され，問題解決能力や自己評価能力が高まることが指摘されている。その意味で，ノートではさらに問題の解決過程や思考過程だけでなく，その時間で自分が何を学び取ったのかを振り返らせ，文章で表現させる活動（学習感想や算数日記）も大切にしたい。中村（1989）には，以下のような学習感想の4つの段階が示されていて，実践的活用が進んでいる。

日々のノート指導の継続で，学習指導要領の目標に示された「数学のよさに気付き，算数と日常生活との関連についての理解を深め，算数を主体的に生活や学習に生かそうとしたり，問題解決の過程を評価・改善しようとしたりするなど，数学的に考える資質・能力を育成する」ことを目指し

表3-1-2　学習感想の4段階

段階	学習感想の様相
第1段階	「楽しい」「また勉強したい」「分からない」という言葉が出てくる。また，算数の学習内容についての記述がなく，抽象的な言葉が多い。
第2段階	算数の内容について，どこが分かったのか，どこにつまずいたのかを書いている。つまり自分の考えを書くようになる。
第3段階	自分の考えだけでなく，他人の考えについて自分がどう思ったかを書くようになる。文章の中に他人の名前が出てくるようになる。
第4段階	自分の考えについて，見直しをしている記述が出てくる。つまり自らに問い直したり，数学的な内容を発展したりして考えている。

中村享史（1989）より作表

たい。

内省的記述表現活動を大切にしたこのようなノート指導を続けることによって，ノートは子どもの学びの成長の足跡が多く残るポートフォリオとしての側面を有するようにもなる。子どもの記述がパフォーマンス評価の対象として考えられるような可能性も生まれてくる。

「主体的・対話的で深い学び」のための板書の工夫とノート指導が，オー

第3章　学習指導

センティックな評価活動の成立と算数科の目標達成にとって極めて重要な位置を占めているといえるだろう。

[レポート課題]
1　算数科において「主体的・対話的で深い学び」を成立させるための条件について，①授業設計，②授業過程，③カリキュラム・マネジメントの3つの観点から整理し，具体的な授業改善の方法について提案しなさい。
2　算数科において「主体的・対話的で深い学び」を成立させるための板書の工夫と，ノート指導の留意点について考察しなさい。

第2節 授業づくり

§1 教材研究

1．教材研究の必要性

　学校現場でよく聞く言葉に，「授業で勝負！」がある。生徒指導で奔走していても，保護者対応で忙しくしていても，結局はよい授業を日々続けていけば，解決していくものである。よい授業とは，しっかりした教材研究に裏打ちされたものである。「教材研究とは，実際の授業を行うに当たって，指導する内容の理解を深めることである」と『わかる算数指導法』で述べてきたが，児童理解や指導方法の工夫も加えて教材研究は重要である。

　ある大学の教育実習簿に，「学び続ける教師のみ，教え続ける権利あり」という言葉が記載されていた。専門書を読んだり研究会へ参加したりして学ぶことがあるが，学び続けることの中心は，教材研究であることを肝に銘じてほしい。

　さて，2015年に行ったOECDの国際学習到達度調査のうちグループで協力して課題を解決する力を測る「協同問題解決能力調査」の結果が初めて公表された。調査はコンピュータ上の架空の友人らと協力して課題に取り組む設定で行われた。問題解決のために，会話を重ね，互いの役割を決めたり，友人に助言ができたりする能力が調べられた。集団で力を出し合う問題解決の調査だ。日本は参加した52か国・地域中2位（OECD加盟国では1位）だった。学校などで育まれた協調性が成果として表れている

といえる。

　小，中学校の現場では，授業中ペアやグループでの話し合い活動が取り入れられている。従来の教材研究に新たな視点が加わり，教材研究の重要性を示唆している。

2．教材研究の視点とその方向

　さて，見えないカリキュラムとして，「数直線」を取り上げることができる。教科書に見る「数直線」は，低学年の「数の線」「テープ図」から中学年の「線分図」「数直線」，高学年の「2本の数直線（比例的数直線）」へと変化していく。

　テープ図や線分図の導入に当たって，初期段階では，以下のような指導をする必要がある。小学校第2学年「2位数＋2位数（繰り上がりなし）」において，

> にわに　あかい花が　23本，きいろい花が　12本　さいています。
> ぜんぶで，なん本　さいていますか。

というような問題がある。授業での先生と児童のやり取りを考えてみよう。

先生：問題に出てくる数字を教えてください。

子ども：赤い花が23本です。

先生：　| あか　23本 |　　　と板書する。

先生：数字は他にありませんか。

子ども：黄色の12です。

先生：　| あか　23本 |　　| き　12本 |　　と板書する。

先生：問題は何を尋ねていますか。

子ども：「ぜんぶで，なん本さいていますか。」です。

第2節　授業づくり

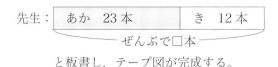

　と板書し，テープ図が完成する。
　黒板の問題は，

> にわに　あかい花が　㉓本，きいろい花が　⑫本　さいています。
> ぜんぶで，なん本　さいていますか。

となっている。
　テープ図は次に線分図，数直線図そして2本の数直線図（比例的数直線）へと学年が上がれば系統的に変化していく。各学年の教科書を見れば，こうした系統性に気付く。教材研究の重要性を語る一例として取り上げた。

§2　授業の方法

1．授業の方法
(1) 問題解決の5段階
　算数指導において，学習困難を行動で示す子どもの多くは，算数科文章問題の解決に困難さを示す多様なつまずきをもっている。また，学校現場の教員は，算数科問題文における情報の関連性を統合的に捉えられないことが子どものつまずきの要因であると指摘する。授業中の対話的な学びにおいても，多様な解決方法を交流する場面で，文章問題の解決に困難さを示す子どもへは，何か手立てが必要である。
　アメリカのメイヤーらは，算数科文章問題の解決過程について，問題文の意味内容を理解する「理解過程」と，式を構成し演算を実行して解を求める「解決過程」の2つに大別している。さらに，「理解過程」を①変換，②統合に，「解決過程」を③計画，④実行に分け，問題解決の4段階とし

145

ている。ポリアの問題解決も参考に⑤振り返りを加え，5段階として考えていきたい。

岡本の捉えも引用して，①から⑤を説明すると次のようになる。

① 「変換」は，問題文を再符号化する過程であり，語彙や文法に関する既有の知識を活用し，問題の一文一文が示す意味内容を理解し，文単位の表象を形成する段階である。「1ダース」という言葉がわからないと問題が理解できないのである。
② 「統合」は，文単位で形成された表象を統合し，問題全体の表象を形成する段階である。文章間の関連性を捉えて，問題全体が示す場面の情報が把握される段階である。ある数量ともう一つの数量との関係を把握する段階である。
③ 「計画」は，理解した場面の状況を反映した式を構成するための演算の選択など問題解決に迫る方針を立てる段階である。
④ 「実行」は，③の方針に基づき，四則計算の手続き的知識を適用し，立式の演算実行がなされる段階である。立式が不適切であると，③④は繰り返される。
⑤ 「振り返り」は，問題解決を振り返り，簡潔・明瞭・発展・統合などを確認する段階である。数学者が問題解決から過去の問題も含めて遡っていく重要な過程である。

（2）発問

授業における発問の良否は，1時間の授業の流れを左右するといっても過言ではない。問題解決過程に沿った発問の連続性は重要である。本時の目標に沿った発問を計画することが大切である。

算数の問題を作るように指示を出したとき，子どもが「蟻」が登場する問題を作った。運動場の隅で友達と蟻を見つけて，遊んで帰ってきての作問である。こうした子どもの生活実態を理解して，作問からただの「蟻」ではないことを感じ，発問をしていきたい。また，発達の障害が有る無し

に関係なく支援を必要とする子どもに対し，その子どもの反応に即した発問にすることが大切である。

(3) 提示したい問題

新学習指導要領の解説等に図3-2-1の算数・数学の学習過程のイメージが記載されている。右側は，算数の問題として比較的モデル化した内容を扱う流れである。左側は，生活の中にある解決しなければならない問題を見つけ，条件整備を行って，算数の舞台に上げて問題解決する内容の流れである。

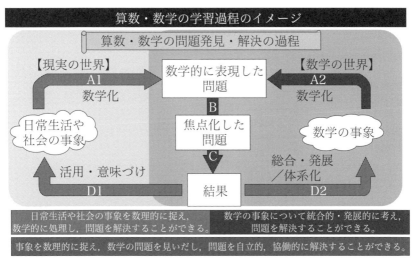

図3-2-1　算数・数学の学習過程のイメージ

新学習指導要領の下では，日常生活や社会の事象を取り上げた問題提示が増えてくると予想される。

一例として，第3学年の算数問題を以下に示す。社会科見学で牧場へ行った子どもたちである。

> 「1頭のお母さん牛から牛乳は 25L 取れます。重さは 26kg です。」
> （と，牧場の関係者から説明を聞いた。）

と始まり，問題は続く。

> 「もしお母さん牛が6頭いたら，何 L の牛乳が取れるのかな。」

と，児童が自分で問題文を作っていくのである。そして，2本の数直線等を使って，2量の関係を捉え，問題解決していくのである。授業で登場する児童の問題は一人ひとり違っていて，多様な問題の解決方法を授業で扱うことができる。

① 表で解決した子ども

「もしお母さん牛が8頭いたら，何 L の牛乳が取れるのかな。」

お母さん牛の数（頭）	1	2	3	4	5	6	7	8	
取れる牛乳（L）	25	50	75	100	125	150	175	200	

② 2本の数直線で解決した子ども

「もしお母さん牛が6頭いたら，何 L の牛乳が取れるのかな。」

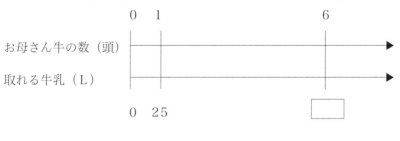

式　□＝25×6　　□＝150　　答え 150L

比例の概念がなくても②のように解決していく。こうした問題に挑戦し

ていけるのは，テープ図や数直線の導入・活用を学校や学年全体で取り組んでいるからである。学校現場では，多様な考え方の交流場面で，話し合いが行われる。2本数直線の活用は，多様な考えを交流するときの大事なアイテムとなり，他者を意識した説明が可能となる。

2．授業研究

「1．」で述べた授業方法は，綿密な教材研究を基盤にして行われていく。しかし，どれほど綿密に準備を重ねても，本番の授業は，予期しない方向に進むことがある。こうした経験はどの教師も経験していることである。教材の困難性や可能性，子どものつまずきや発想など，新たな事実と向き合うことになる。この経験が教師の力量を高めていくことになる。

アメリカと日本の算数・数学教育の比較研究において，日本の「職員室の存在」と「校内研修・公開授業」が教員養成において効果があるという報告がある。授業研究をしていく上で重要な環境である。「授業研究」という一連の営みを通して，教師はお互いを評価し合い，授業改善や自身の力量形成を図っていきたい。

最近，大学の授業でも指導案を作成し，45分の模擬授業が実践されていると聞く。学生が児童・生徒役になって参加し，授業後には，模擬授業について話し合いやその評価をするのである。学校現場でも，若手教員がお互いの授業を参観し合い，放課後に話し合いをしたり協働で教材・教具を作ったりしているという話はよく聞く。授業研究には積極的に参加し，常に指導力アップを試みていきたい。

§3　評価

1．評価の意味

「指導と評価の一体化」という言葉は，誰もが知るところである。指導

と評価を繰り返し行うことは大事なことではあるが，いろいろな研究活動では，「評価」に関する取り組みが最後になるケースが多いと感じる。

「学校教育法第30条第2項」に規定された学力を評価基準（評価規準）にして，子どもがどの程度到達しているのかを明らかにして，その実態分析から指導の改善を図っていく営みを「評価」という。学習指導→評価→学習指導→……と常に子どもの実態を分析し，きめ細かい学習指導の充実や子ども一人ひとりの学習内容の確実な定着を把握するのである。

2．評価の仕方

（1）評価の観点

旧学習指導要領の評価の観点は，①「算数への関心・意欲・態度」（数理的な事象に関心をもつとともに，算数的活動の楽しさや数理的な処理のよさに気付き，進んで生活や学習に活用しようとする），②「数学的な考え方」（日常の事象を数理的にとらえ，見通しをもち筋道立てて考え表現したり，そのことから考えを深めたりするなど，数学的な考え方の基礎を身に付けている），③「数量や図形についての技能」（数量や図形についての数学的な表現や処理にかかわる技能を身に付けている），④「数量や図形についての知識・理解」（数量や図形についての豊かな感覚をもち，それらの意味や性質などについて理解している）である。

新学習指導要領では，学校教育法第30条第2項に示された「基礎的な知識及び技能」，「これらを活用して課題を解決するために必要な思考力，判断力，表現力その他の能力」，及び「主体的に学習に取り組む態度から構成される確かな学力」のバランスのとれた育成が重視されている。
①「知識・技能」……数量や図形などについての基礎的・基本的な概念や性質などを理解するとともに，日常の事象を数理的に処理する技能を身に付けるようにする。
②「思考力・判断力・表現力等」……日常の事象を数理的に捉え見通しを

もち筋道を立てて考察する力，基礎的・基本的な数量や図形の性質などを見いだし統合的・発展的に考察する力，数学的な表現を用いて事象を簡潔・明瞭・的確に表したり目的に応じて柔軟に表したりする力を養う。
③「学びに向かう力・人間性等」……数学的活動の楽しさや数学のよさに気付き，学習を振り返ってよりよく問題解決しようとする態度，算数で学んだことを生活や学習に活用しようとする態度を養う。

　育成を目指す資質・能力について，国内外の幅広い学術研究の成果等を分析，資質・能力の三つの柱として整理している。（中央教育審議会答申）

（２）評価の方法

　評価方法は，ペーパーテストでは「知識・理解，技能」が評価できる。ノートやドリルの記述でもできる。「数学的な考え方」や「関心・意欲・態度」については，授業中の観察による子どもの発話内容や操作の様子，ノートやワークシートの記述内容である。

（３）評価の場面

　第１学年「繰り上がりのあるたし算」の授業で，８個のおはじきと７個のおはじきをたす場面について考えてみよう。赤色８個のおはじきと青色７個のおはじきを使うようにしてみよう。７を２と５に分けて，８と２をたして10を作ると，10の傍らには残りの青色のおはじき５個がある。赤色８個を３と５に分けると，赤色の５が残る。赤の５と青の５で10を作ると，赤の３と青の２が残る。数えたしをした子どもは，10の塊も残りの５も色はバラバラである。このようにおはじきの色を変える工夫で子どもの考えが，机間指導で瞬時に見えてくる。こうした工夫をして評価活動をしていきたい。評価は，必要な場面で行われるものであり，授業の終末場面に偏らないように気をつけたい。

§4 学習指導計画の作成

1. 学習指導計画を作成する意味

　主体的・対話的で深い学びの実現や「生きる力」に不可欠な資質・能力を育成することを目指していくには，周到な準備が必要である。教材観，児童観，指導観に基づいた意図的・計画的な学習指導を行うことによって，たどりつくことが可能となる。実際に授業をすると，教材や子どもについての新たな知見が見いだされる。その知見を踏まえて学習指導計画を見直すことは，課題により迫っていくことになる。

2. 学習指導計画の作成

　授業づくりに際しては，学習指導要領の算数科目標に注目したい。平成20年告示の旧学習指導要領では，「算数的活動を通して」という文言が目標の冠となっており重視されてきた。平成29年告示の新学習指導要領では，「統合的・発展的に考える資質・能力の育成」が重視されており，「例えば」として細かく文章化された内容となっており，解説は，文部科学省のホームページにしばらく掲載されていた。プログラミング教育や算数・数学の思考力コンテストの取り組みが実施されていたり，学校内でも主体的・対話的で深い学びといった研修がなされていたりする。一人の教師が取り組めるものではなく，ときには学年や学校全体で取り組むことが大切であり，一人の教師としても積極的に参加していくことが重要である。

[レポート課題]
1．第3学年の「余りのあるわり算」を楽しんで学ぶような指導案を作成しなさい。
2．第5学年の「小数のかけ算」の評価規準について，3つの観点を作成しなさい。

第2節 授業づくり

【中央枠】

第1　目標

数学的な見方・考え方を働かせ，数学的活動を通して，数学的に考える資質・能力を次のとおり育成することを目指す。

（1）数量や図形などについての基礎的・基本的な概念や性質などを理解するとともに，日常の事象を数理的に処理する技能を身に付けるようにする。

（2）日常の事象を数理的に捉え，見通しをもち筋道を立てて考察する力，基礎的・基本的な数量や図形の性質などを見いだし統合的・発展的に考察する力，数学的な表現を用いて事象を簡潔・明瞭・的確に表したり目的に応じて柔軟に表したりする力を養う。

（3）数学的活動の楽しさや数学のよさに気付き，学習を振り返ってよりよく問題解決しようとする態度，算数で学んだことを生活や学習に活用しようとする態度を養う。

【左上吹き出し】
各教科等との関連ができたこと。国際的な学習指導要領になってきたこと。

【左中吹き出し】
幼児期から小学校，中学校，高校，大学へと成長していくものとして位置付けられている。

【左下吹き出し（上）】
資質・能力を三つの柱として明記し，重要視している。

【左下吹き出し（下）】
「例えば」としての内容が，たくさん記載されている。

【右上吹き出し】
この言葉が冒頭に位置付けられている点に特徴がある。

【右中吹き出し（上）】
どのような視点で物事を捉え，どのような考え方で思考していくのかという物事を捉える視点や考え方。

【右中吹き出し（下）】
概念や性質などの理解，日常の事象を数理的に処理する技能として，細かく文章化された表現になっている。

【下部吹き出し】
不自然さを感じてどうなっているのかを考えてみようとする気持ち，もっと広い範囲でも成り立つことを考えようとする気持ちが探究を進展させる大きな契機となる。

第3節

学習指導の実際

§1 学習指導案の内容

1. 学習指導案の目的

　算数科における学習指導は，算数科の目標や内容を十分理解し「主体的・対話的で深い学び」に至るための指導方法を児童理解の上に立って進めていかなければならない。その学習指導を適切に進めるために，学習指導案は大きな役割を果たす。

　学習指導案を構想・作成する目的は，主に2つあると考える。一つは，授業の目標を達成するための具体的な学習活動を計画し，実践に生かすことである。もう一つは，その実践を振り返り，考察し改善を図るためである。いわゆる「Plan－Do－Check－Action」のサイクルで，よりよい授業を構築していくのである。

　ここでは，学習指導案の作成の仕方の詳細について，述べていく。

2. 学習指導案における項目とその意味

　学習指導案は，研究や授業の目的によって形式や項目が異なってくる場合がある。そこで，一般的に見られる学習指導案の項目に沿って，その書き方や意味について，明らかにしていきたい。

(1) 単元目標

　単元目標とは，単元全体を概括した目標のことである。

言い換えれば，単元を通して児童にどのような力を身につけさせたいかを示すものである。単元目標を設定する場合は，学習指導要領等を参考にし，「目標に準拠した評価」を想定しながら設定していく。

ここでは，児童に育みたい資質や能力「何を理解しているか，何ができるか（生きて働く「知識・技能」）」「理解していること・できることをどう使うか（未知の状況にも対応できる「思考力・判断力・表現力等」）」「どのように社会・世界と関わり，よりよい人生を送るか（学びを人生や社会に生かそうとする「学びに向かう力，人間性等」）」のバランスを考え，学習内容のまとまりを明記していくことが重要である。

(2) 観点別評価及び規準（評価の観点と規準）

上述した単元目標を「知識・技能」「思考・判断・表現」「主体的に学習に取り組む態度」の観点別に分けて記述する。

ここでは，評価の観点に沿った評価規準を示すことが重要である。

(3) 単元間の関連（本単元との内容の関連）

実践する単元の内容と，これまでに学習してきた内容やこれから発展していく内容との関連や系統性を表したものである。この前後の関係を把握することにより，本単元の中心課題や重要な指導のポイントが明確になる。

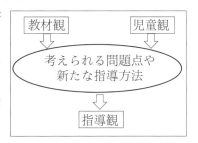

(4) 授業づくりの視点

基本的には，「教材観」「児童観」「指導観」（指導の3観）で記述していくことが多い。

① 教材観

ここでは，授業者自身が指導目標を達成するために，単元をどのように分析し解釈したかを明らかにする。その際，教材のもつ教育的価値や系統的位置を明確にすることが大切である。これらは学習指導要領解説算数編等

を用いて記述していくことが重要である。

　さらに，先行研究や実践等から単元の展開や問題の工夫，活用する教具，発展的な内容の取り扱い等，教材の可能性を明確にしておく必要がある。

② 児童観（児童の実態）

　指導目標を達成させようとするとき，児童がどのような実態にあるのかを記述する。児童の発達段階の考慮やレディネステスト（※１）等を活用した実態調査の分析から，児童の現状を把握し，それらを表していく。

　児童観は，学校生活や一般的な学習の実態ではなく，算数科の学習についての実態を示していく。特に，系統性が重要な算数科においては，既習内容の習熟度，達成度の実態が明確でなければ，指導の重点化を図ったり，新たな指導方法を考えたりすることができない。

　また，研究の内容や方向性に応じて，学級の児童を全体的にとらえる場合や個別の児童の状況や変容等をとらえる場合等を表していくことがある。

◆　レディネステストについて　（※１）
　児童の実態を把握するために，学習する単元に入るまでの児童の経験や既習事項の獲得状況，そして，本単元の学習内容について既知の内容や経験があるのかどうか等，テストや質問紙で実態調査を行うものである。

③ 指導観

　はじめに教材観において，単元における価値や可能性・必要性等をとらえてきた。次に，児童観において，その単元を学習するにあたっての児童の実態をとらえてきた。

　指導観は，教材観や児童観から浮かびあがってきた問題点や方向性をもとに，改善を具現化するための指導方法の工夫を示すものである。指導方法の工夫については，単元全体（必要に応じて，年間指導計画や領域の指

導計画）を見渡した記述にすることが重要である。

さらに，指導観では，本時の具体的な指導について，研究テーマ等を考慮しながら，指導の構想や工夫等を記述していくことも大切である。

なお，教材観と指導観は，単元の内容が大きく関わるので，記述すると重複する部分が表れることもある。そこで，児童観を書いた後，「単元の内容と指導について」等のように教材観と指導観を合わせて表す場合もある。

（5）指導計画（単元指導計画）

これは，1時間ごとの学習の順序や計画を記述し，単元全体の学習の流れを表すものである。ここでは，学習内容を簡潔に示しながら，評価の観点，時には規準を表していくことも重要である。

（6）本時の学習

学習活動については，まず，「導入」→「展開」→「終末」の3つの場面で構想し，それをもとに，問題解決的な学習として，より詳細で具体的に表していく。

「導入」	1. 本時の問題を把握する。 2. めあてをつくる。 3. 見通しをたてる。
「展開」	4. 自力で解決する。 5. 集団で解決する。
「終末」	6. 本時の学習を振り返る。

この学習活動の1から6の問題解決の流れに，「文章問題から式をつくる」や「適用問題を解決する」などを加えたり，「指導上の留意点」には，それぞれの段階に対応して，「問題場面」や「授業者の主発問」「予想される児童の反応」など，具体的に記述したりすることが大切である。

また，本時の学習における評価では，観点・基準を記載することもある。これは，形成的な評価として，評価基準（判断基準）を設定し，その基準に応じた指導や支援が行えるようにするためのものである。そうすることで，評価と指導の一体化が図られる。

§2　学習指導案（例）

第3学年　算数科学習指導案

授業者○○○○

1. 単元名　「分　数」（分数の表し方を調べよう）
2. 日　時　令和○年○月○日　第○時限（○○：○○～○○：○○）
3. 対象児童　○○○○○小学校　第○学年○組（○○名）
4. 単元目標

(1) 量の大きさを表すのに，すすんで分数を用いようとし，分数の意味や表し方を理解する。

(2) 数直線上に分数を対応させ，分数の大小関係，分母が10の分数と小数との相互関係を理解する。

(3) 同分母分数の加法や減法の計算の仕方を考え，その計算ができる。

5. 評価の観点と規準

【知識・技能】

・分数を用いた1より小さい量の表し方を理解し表すことができる。

・同分母分数の加法や減法の計算の仕方を理解し，計算ができる。

・分母が10の分数と小数との関連を理解している。

【思考・判断・表現力等】

・分数は単位分数のいくつ分として表すことを見い出している。

・図や数直線等を活用し，分数の表し方や大小関係，同分母分数の加法・減法の計算の仕方を考えている。

【主体的に学習に取り組む態度】

・数学的活動を積極的に行い，量の大きさを分数で表そうとしている。

・図や数直線等を活用し，分数の表し方や大小関係，同分母分数の加法・減法の計算の仕方を考えている。

6. 本単元との内容の関連

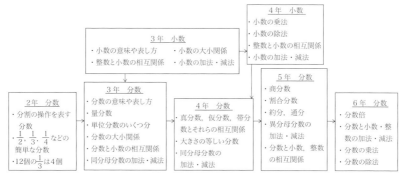

※「小数」の学習を終えた後,「分数」の学習を行った場合

7. 授業づくりの視点
(1) 教材観

第2学年では,長さやかさの測定で,測った量を数値と単位を使って表している。また,折り紙などを使って,「ある大きさの半分を$\frac{1}{2}$」,「4つに分けた1つ分を$\frac{1}{4}$」と表したりする「分割分数」について学習してきている。さらに,第3学年の「小数」の学習では,1より小さい量(はしたの量)を小数で表し,0.1を単位として考えると,小数のたし算やひき算が整数と同じように計算できることなどを学習してきている。

本単元では,第2学年で学習した「分割分数」の考え方をもとに,その概念を「量分数(量としての分数)」に広げたり,0.1を単位とする小数との関係から,「単位分数」の見方・考え方を働かせ,分数の大小比較や同分母分数のたし算やひき算の仕方を考えたりしていく。さらに,数直線に表したり計算したりすることで「数としての分数」につなげていきたい。

(2) 児童観 (児童の実態)

本学級の児童は,算数に対する関心が高く,問題を提示した際には疑問や気づきのつぶやきもあり,意欲をもって取り組むことができる。

自力解決では,自分なりの解決方法を多様に考えようとしたり,それを

ノートや発表ボード（ホワイトボード）に積極的に表したりしている。

集団解決においても，積極的に発表しようとする態度が見られる。しかし，図や数直線等を用い，解決過程を筋道立てて説明したり，他の人の考えとの共通点や相違点などを見い出したりするなど，数学的な見方・考え方のよさに感じる話し合いには至っていない。

レディネステストの結果からは，分数については，$\frac{1}{2}$を等分ではなく，単に2つに分けたものと考えたり，色紙を$\frac{1}{2}$に折ったものでも，できた形やもとの大きさが違ったりすると，$\frac{1}{2}$と認識できない児童もいる。

また，小数に関しては0.1を単位として考えたり，整数と小数の位を合わせることができなかったりする児童もいる。

（3）指導観

本単元の指導については，児童の実態から既習の「分割分数」の考えに対し，全体が1Lというように量が決定している「量分数」として考えたり，「単位分数」の見方・考え方を働かせて，分数の大小関係や同分母分数の加法，減法の計算方法を考えたりしていく。さらに数直線等で表したり，計算したりする活動を通して「数としての分数」として理解を深めていきたい。

そこで，問題解決的な学習の流れを基本としながら，児童自らが問題意識をもち，意欲をもって学習できるように情意面を重視した指導を進め，主体的に学習に取り組む態度が育つようにしていきたい。

特に，解決の過程を筋道立てて説明できるように，「言葉のフォーマット」（※2）をもとに，「はじめに」「次に」といった順序立てた説明や「ここまでいいですか」と全体に返すことにより，対話的な話し合いができるように指導していきたい。

さらに，集団解決の後半に練りあげの場面を設定する。そのとき，「かわいいカード」（※3）を提示し，多様な考えを4つの視点で見直すことで，数学的な見方・考え方のよさに感じるように指導していきたい。

第3節　学習指導の実際

　本時の学習では，同分母分数のたし算の仕方を考える。ここでは，単に分数のたし算の計算方法を考えさせるのではなく，児童の実態から「分母同士，分子同士をたす」考えを表出させながら，「同じ分母同士のたし算は，なぜ，分子だけをたせばよいのか」という疑問や困惑を引き出し，問題意識を醸成しながら解決活動を進めていく。その際，テープ図，液量図や数直線などを活用し，「量分数」や「単位分数」の見方・考え方を働かせて解決できるようにしていきたい。ここでも，「言葉のフォーマット」を活用したり，「かわいいカード」を提示したりすることにより，多様な考え方や解決方法から共通点や相違点を見つけたり，数学的な見方・考え方のよさに感じたりできるように話し合いを深めていきたい。

◆「言葉のフォーマット」について（※2）

　児童一人ひとりが自分の考えや解決の過程を筋道立てて発表できるように，「言葉のフォーマット」をつくり，どのクラスでも活用できるようにしたものである。

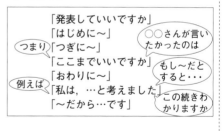

◆「かわいいカード」について　（※3）

　児童が数学的な見方・考え方のよさに感じるために，自分の考えと友達の考えを比較したり，自分や友達の考えを吟味したりする

	カードの意味	数学的な見方・考え方のよさ
か	「かんたん」	簡潔にまとめ，表現する
わ	「わかりやすい」	相手を意識して，分かりやすく表現する
い	「いつでも使える」	場面を広げて考える
い	「いいところは…」	よさを見いだす

ための4つの視点を整理し，まとめたものである。

8. 単元指導計画（全11時間）

	学習内容	評価の観点・規準
1	分数の意味と表し方① ・1mのテープを4等分した1つ分の長さを$\frac{1}{4}$mと表すことを知る。 ※分数の導入として、はしたの量（例：1mとはしたの長さ）を扱う場合もある。	【知識・技能】 測定した量の大きさを表す分数の意味を理解している。 【主体的に学習に取り組む態度】 等分できる部分をすすんで分数で表そうとしている。
2	分数の意味と表し方② ・分数の構成や分母，分子の意味を知る。 ・単位分数のいくつ分で分数が表せることを知る。	【思考・判断・表現】 単位分数のいくつ分として表す分数について，図や数直線等に表し，考えている。 【知識・技能】 分数の意味と表し方を理解し，分母，分子の用語を知る。
3	分数の意味と表し方③ ・かさを分数で表し，分数の意味を深める。	【知識・技能】 液量図のかき方（目盛り，単位など）を知り，分数の構成と表し方を理解している。 【主体的に学習に取り組む態度】 水のかさを分数を用いてすすんで表そうとしている。
4	分数と小数の関係 ・分数を数直線上に表す。 ・分母と分子が同じ数の時は，1になることを知る。 ・単位分数をもとに分数の大きさを考え，1より大きい分数があることを知る。 ・分数の大小関係を調べる。	【知識・技能】 同分母分数の大小や分母と分子が同じ場合は1と等しいこと，1より大きい分数があることを理解している。 【主体的に学習に取り組む態度】 単位分数の考えをもとに，すすんで分数を表し，大小関係等を見つけようとしている。
5	分数と小数の関係 ・$\frac{1}{10}$と0.1が等しいことを知る。 ・分数と小数の大小関係を調べる。	【知識・技能】 図や数直線を活用し，分数と小数の関係を理解している。 【主体的に学習に取り組む態度】 すすんで分数と小数の関係を調べようとしていいる。
6・7 (本時1/2)	同分母分数のたし算 ・分数のたし算の仕方を考え，説明したり，計算したりする。 ・和が1になる加法の計算をする。	【思考・判断・表現】 量分数や単位分数の考え方をもとに，分数のたし算の仕方を考えている。 【知識・技能】 同分母分数の加法の計算ができる。

第3節 学習指導の実際

8・9	同分母分数のひき算 ・分数のひき算の仕方を考え，説明したり，計算したりする。 ・1から真分数をひく減法の計算をする。	【思考・判断・表現】 量分数や単位分数の考え方をもとに，分数のひき算の仕方を考えている。 【知識・技能】 同分母分数の減法の計算ができる。
10	分数ものさしをつくる ・等幅の罫線（平行線）を利用し，分数を表す線分図をつくる。 ・分数ものさしを並べ，分母の数が大きくなると，1つ分の大きさ（めもり）が小さくなることに気づく。	【主体的に学習に取り組む態度】 分数を用いることのよさに気づき，すすんで分数を調べようとしている。 【思考・判断・表現】 等幅の罫線を利用し，分数を表す線分図（分数ものさし）のつくり方を考えている。
11	分数についての補充と発展，評価 ・適用問題や発展問題を行い，分数についての理解を確認し，技能の定着を図る。	【知識・技能】 同分母分数の比較や加法・減法の計算ができる。

9．本時の学習

(1) 本時の目標

　同分母分数のたし算の計算の仕方について，小数・整数のたし算の見方・考え方を働かせ，図や線分図等で表しながら考えている。

(2) 本時の展開

学　習　活　動	指導上の留意点
1．本時の問題をつかむ。 ジュースがコップに $\frac{4}{10}$ L，びんに $\frac{3}{10}$ L入っています。ジュースは合わせて何Lありますか。	●「整数のたし算，小数のたし算」を想起させ，「分数のたし算」になることをつかませる。 ●分数のたし算の計算の仕方に対する疑問や困惑を表出させ，解決したいという問題意識を醸成する。
2．文章問題から，式をつくる。 $\frac{4}{10} + \frac{3}{10}$ 3．本時のめあてをつくる。	●文章問題の分数の部分を整数に置き換え，形式不易の考え方を用いて立式させる。
分数のたし算の仕方を考え，わかりやすく説明しよう。	

163

4．見通しをたてる。
  ・小数にして考える。（$\frac{1}{10}=0.1$）
  ・$\frac{1}{10}$のいくつ分で考える。
  ・dLにして考える。
       ⇩
  ・Lマスの図を使って考える。
  ・数直線を使って考える。

5．自分なりの考えで解決する。
            （自力解決）

＜Lマスをかいて考える＞

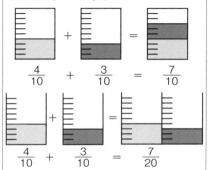

＜数直線を使って考える＞

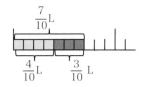

＜dLにして考える＞
  $\frac{4}{10}$L＝4dL
  $\frac{3}{10}$L＝3dL
  3dL＋4dL＝7dL
  7dL＝$\frac{7}{10}$L

●児童は，考え方の見通しや解決方法の見通しをランダムに発表するので，整理して板書する。

●発表ボード（ホワイトボード）に，図や言葉などを使って分かりやすく表現するよう助言する。
●途中で考えが変わっても，それを消さずにホワイトボードの裏面に新しい考えを書くよう支援する。

＜評価の観点・基準＞
【思考・判断・表現】
A：分数のたし算の計算の仕方を単位分数や量分数で考え，図や言葉などを使って分かりやすく説明できる。
B：分数のたし算の計算の仕方を単位分数か量分数で考えることができる。
C：分数のたし算の計算の仕方を考えることができない。
　（分母・分子同士をたす。）

●Cの児童への支援
　小数のたし算の学習を思い出させ，$\frac{4}{10}$は，$\frac{1}{10}$の4個分，$\frac{3}{10}$は，$\frac{1}{10}$の3個分であることに気付かせる。

●Bの児童への支援
　単位分数で考えさせたり，説明するために必要な図や言葉の補足を支援したりする。

<小数にして考える> $\frac{4}{10}+\frac{3}{10}=0.4+0.3$ $\phantom{\frac{4}{10}+\frac{3}{10}}=0.7=\frac{7}{10}$ <$\frac{1}{10}$のいくつ分で考える> $\frac{4}{10}$は，$\frac{1}{10}$が4つ $\frac{3}{10}$は，$\frac{1}{10}$が3つ $\frac{4}{10}+\frac{3}{10}$ ⇒ $\frac{1}{10}$が（4＋3）こで$\frac{7}{10}$	●小数と同じように単位分数のいくつ分という見方で考えることで，整数の計算で解決できることに気づかせる。
6．自分の考えや解決方法を発表し，話し合う。　　　　　　　　　（集団解決）	●それぞれの考え方から共通点や相違点を見つけるよう支援する。 ●答えが$\frac{7}{20}$Lにならないことを，もとが1Lであることや単位分数で考え，説明できるよう支援する。 ●目盛りのついた1Lますに$\frac{4}{10}$L，次に$\frac{3}{10}$Lのジュースを入れて，$\frac{7}{10}$Lになることを確かめる。
7．適用問題（$\frac{3}{5}+\frac{1}{5}$）を解決する。	●単位分数で考えることにより，整数のたし算と同じように計算できることを確認させる。
8．本時の学習を振り返る。	●「わかったこと」だけでなく，「友だちの考えのよいところ」や「次に学習したいこと」を書き，学習のまとめをする。 ●「かわいいカード」を提示し，自分や友達の考えを比較・吟味し，よさを見つけるよう支援する。

　以上，指導案の書き方について詳しく述べてきたが，研究の趣旨や方向性により，表していく内容も変わるので，先行研究や実践を参考にする場合，自分の研究や実践に合うように指導の工夫を行っていく必要がある。

第3章　学習指導

§3　板書計画

1．板書の役割

　板書は，学習効果が高まるように，基本的に一度かいた内容を消すことは行わない。板書は学習内容を視覚的に，そして具体的にとらえることを可能とするものである。また，基本的に左から右へとレイアウトしていき，授業の展開に沿い1時間の流れを構造的に表していく。

　教師は児童たちの考えや解決方法，時には，学習過程で感じたことなどを板書していく。その過程において，児童が獲得してほしい学習内容や学び方等を示していく。特に低学年では，問題文を書く際，その速さは児童がノートを書くのと同じにする。

　また，児童が使用しているノートのマス目の数に合わせて，一節ずつ区切って板書することにより，児童が正確に書けるようになる。

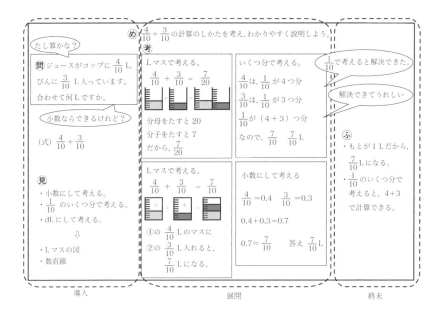

板書については，問題解決的な学習の流れに沿って，「導入」→「展開」→「終末」の３つの場面で表していく。
○「導入」：本時の問題場面，題意をとらえた式や本時のめあてを書き，考え方や解決方法，結果の見通し等を書く。特に，問題と出合ったときにもった疑問や困惑については，吹き出し等を活用して板書しておくとよい。
○「展開」：本時のめあてを確認し，自力解決した児童の考えを書いたり，提示したりしていく。そして，集団解決では，よりよい考えへと練りあげるために，どの考えを取りあげ，どの考えにつなげていくかなど，対話の組織化を図り，考えの難易度や順序についても意図をもって板書していく。
○「終末」：集団解決の結果を踏まえ，適応問題を行ったり，本時の学習を振り返り，まとめたことを板書したりする。ここでは，「分かったこと」だけでなく，導入で吹き出し等を活用し板書した疑問や困惑の気持ちと，問題解決できた喜びとを対比させることにより，問題解決のよさや数学的な見方・考え方のよさに感じることができるようにしたいものである。

２．板書の効果を高めるための工夫

　板書と同時に，児童の解決過程をタブレット等を活用し，テレビモニターに映したり，発表ボード（ホワイトボード）に書いたものを掲示したりすることにより，考えを付けたしたり，対比したりできるようになる。
　さらに，ネームカード（名前を書いたマグネットシート）を貼ることにより，「自分の考えはどの考えに近いのか，どの考えと違うのか」などを判断することができ，共通点や相違点などが明確になる。
　以上，指導案作成について述べてきたが，板書計画も同時に行い，具体的な指導につながるようにしたい。また，研究授業等で他の教員に参観してもらう場合，板書計画とともに児童の座席表等も指導案の中に含むと，研究授業等の検討や検証も行いやすくなり，授業改善に役立つものとなる。

資　料

新学習指導要領（算数）等に関連する用語・記号

■「数と計算」領域の内容

十進位取り記数法

　十進位取り記数法は，十進法の原理と位取り記数法の原理を併用した数の表し方である。

　十進法とは，十のまとまりを作って，数を表すという考え方のことである。また，位取り記数法とは，位を位置によって表すという数の表し方である。この表し方にとって重要となるのが，空位を表す場合は「0」を用いるということである。

　十進位取り記数法のよさは，一般に少ない記号（数字）でどんな大きな数でも容易に表すことができること，筆算が容易にできることなどが挙げられる。ただし，「十進位取り記数法」という用語自体は導入されない。

式

　一定の記号を一定の規則に従って並べた有限な記号の系列のことをいう。

(1) 記号の設定：どのような記号を用いるかが決められる。

　① 対象記号：1，2，3，…，a，b，…，x，y，…。
　② 演算記号：+，−，×，÷，…。
　③ 関係記号：=，<，>，…。
　④ 括弧：(，)，…。

(2) 構成規則：(1)で設定した記号をどのように並べたものが式であるかを示した規則。

　① 対象記号はそれだけで式である。
　② A，Bが式であれば，AとBを演算記号や関係記号で結んだものは式である。したがって，
　　(A+B)，(A−B)，(A×B)，(A÷B)，(A=B) はいずれも式である。
　③ ①，②で構成されたものだけが式である。

　これらの規則に従えば，(5)，(3×3)，(5−x=3) は式といえる。

　また，式には次の3つの見方があるといえる。

（1） 操作とみる　3×5　…　3に5をかける
（2） 結果とみる　$3 \times 5 = 15$　…　3×5 は 15
（3） 関係とみる　$y = 3 \times x$　…　y は 3 の x 倍

＋，－，×，÷（演算記号）

　式は世界共通の言語であるといわれることがあるが，実際には世界共通になっていないものもある。例えば，日本では除法の演算記号に「÷」を用いているが，「：」を用いる国もある。また，同じ演算記号でも国によって書き順が異なる場合もある。

　式は算数の言葉ともいわれ，正確に表現することは重要なことであるが，書き順等の指導に必要以上に時間を当てるのではなく，算数科としての教育的価値のある内容の指導に力を注ぎたいものである。

＝（等号）

　等号（＝）は小学校の1年生で導入され，「は」と読むよう指導が行われているように思われる。「は」と読む場合，演算結果だけに目が向いてしまうということはないだろうか。等号が用いられる場合，その使われ方にはいろいろな意味が込められている。ここではその例を挙げてみる。

（1） 演算結果として　　　　　　　$2 + 3 = 5$
（2） 等量として　　　　　　　　　$2 + x = 5$
（3） 関係を表すものとして　　　　円の半径（r）と面積（S）の関係　$S = \pi r^2$
（5） 定義作用として　　　　　　　速さ＝道のり÷時間
（6） 確からしさを表すものとして　さいころを投げて1の目が出る確からしさ＝$\frac{1}{6}$

　発達や学年の段階に応じて，等号（＝）の意味についても考えさせたいものである。

等式

　数量や式を等号（＝）で結び付けた式を等式という。

　等式の中で $2(x-3) = 2x - 6$ のように，x が変域すべての値をとっても成り立つ等式を「恒等式」という。

　また，$2x + 4 = 8$ のように，x がある特別な値のときにのみ成り立つ等式を「方程式」という。

資料

＞ ＜ （不等号）

不等号（＜，＞）は，小学校の2年生で数の大小関係を簡潔に表現する際に導入される。教科書を見てみると，意味やかき方についてはどの教科書も記述されているが，読み方について記述されている教科書はほとんどない。

児童は日々の生活の中でかくように読み，読むようにかいていることから，＜は「小さい」，＞は「大きい」と読むのが適切であろう。

具体的には次のとおりである。

238 ＜ 253 　「238 は 253 より小さい」

253 ＞ 238 　「253 は 238 より大きい」

数直線

次のような方法で点と数を対応させた直線を数直線という。

(1) 直線上に異なった2点O，Eをとり，点Oに0を，点Eに1を対応させる。点Eは点Oの右にとる。

(2) 直線上の点O，任意の点Pについて，線分OPの長さを単位として測定し，測定値をxと対応させる。

　　すなわち，OP ＝ OE×x

(3) 点Pが点Oに関して，点Eと反対側（左）にあるときには，点Pの点Oに関する対称な点の測定値xに対して，$-x$を対応させる。

数直線は数のモデルの一つで，数についての性質や関係を直観的に捉えやすくする働きがある。なお，線分図やテープ図とは異なるものなので，指導に当たっては留意したい。

■「図形」領域の内容

定義（約束）

用語の意味を正確に定める文章，または式をその用語の定義という。

例えば,直線について小学校の教科書では「まっすぐな線を直線といいます」のように定義（約束）したり，小学校では多角形や立体の辺も直線と表現したりしており，直線と線分を厳密に区分していない。中学校では直線と線分を区別し,小学校での概念を精緻にしていくことになる。

小学校学習指導要領解説算数編（2017）では，「定義」という用語はほとんど用いられておらず，その代わりに「約束」という用語が用いられている。

定義の仕方にはいくつかの段階があり，児童の発達や学年の段階に応じた定義を用いるようにしたい。

弁別

区別すること，識別することと同義で，図形の学習で用いられることが多い。図形の概念を形成していくためには，数学的活動を通して対象とする図形を弁別し，その概念を規定する特徴を抽出し，言語で表現できるようにすることが必要である。

作図

ある条件に合う図形を描くことを作図という。

幾何学における作図とは作図の公法に従って定規とコンパスだけを有限回用いて作図することをいう。ただし，小学校における作図は，三角定規や分度器を用いたり，三角定規をずらしたりすることも認め，厳密な作図を求めることはない。

直線

中学校では，図1のように「2点A，Bを通り，両方向に限りなく延びているまっすぐな線」を直線と定義し，図2は線分AB，図3は半直線OAと定義している。

小学校では，これらを区別せず直線という用語を用いている。

資料

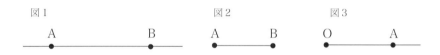

直角・垂直

　直角と垂直の指導に当たっては，直角は図形であること，垂直は位置関係を表していることを意識させる必要がある。

　図1の図形には直角は見られないが，図2のアとイは互いに垂直な関係になっている。

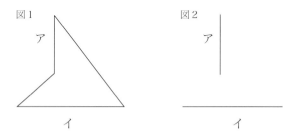

平行

　中学校では「平面上で交わらない2直線」，「平面上で同じ方向の2直線」と定義されるのに対して，小学校では「1つの直線に，等しい角度で交わっている2本の直線」「1つの直線に，垂直な2本の直線」のように操作に基づいて定義（約束）される。こうした定義（約束）は，児童の発達の段階に応じたものといえる。

対角線

　多角形の同一辺上にない2つの頂点を結んだ線分を対角線というが，小学校では「四角形の向かい合う頂点を結んだ直線を対角線といいます」のように定義（約束）する。

　三角形には対角線がないこと，また図1のように四角形の場合は「向かい合う」で問題ないが，例えば六角形の場合，図2のように児童は誤った理解をする場合があるため，留意する必要がある。

図1
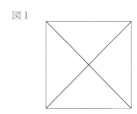

図2

展開図

　展開図は，立体を平面上に表す方法の一つであり，その他にも見取図や投影図などの方法がある。

　展開図は実際の長さ，実際の形で表されるという利点があるが，その立体がどんな形かがわかりにくい。一方，見取図は，一見するとそれがどんな立体かがわかり，立体の構成要素の関係や位置関係を捉えさせる上で重要な図であるが，形や大きさが実際とは異なっている。

　指導に当たっては，展開図と見取図などを併用しながら，それぞれの欠点を補いながら，活用していくことが望ましい。

公式

　計算の方法を言葉や文字を用いて表した式を公式という。すなわち，公式とは一連の思考過程を実用的に固定したアルゴリズムともいえる。

　公式の指導に当たっては，児童が公式をつくることができるようにすること，公式のよさに気付かせること，公式を活用し発展させることを大切にしたい。

　また，公式は児童にとっては抽象度の高いものであるから，公式化を急いだり，適用のための練習のみに力を注ぐことのないようにしたい。

縮図・拡大図

　一つの図形の形を変えないで，一定の割合（比）に縮めたり，拡大したりした図形をそれぞれもとの図形の縮図，拡大図という。また，図形を縮めた割合（比）を縮尺という。

　合同な図形は，その割合（比）が１：１の場合をいう。

　一般に縮図・拡大図は裏返しの場合は扱わないが，相似の図形は裏返しの場合も扱う。

資料

■「測定」領域及び「変化と関係」領域の内容

単位

　ある量を測定するためには，基準となる量を定め，その何倍にあたるかで数値化する必要がある。この基準となる量を単位という。

　メートル法が世界で認められ，徐々に受け入れが進む一方で，単位系が多様化していった。そこで，科学・技術・通商・安全などの計測に関わる諸問題の国際的交流を円滑に進めるために，1960 年に現在のメートル法ともいうべき国際単位系（SI 単位系）という名称が採択され，接頭語（キロ⇒ 10^3，センチ⇒ $\frac{1}{10^2}$ 等），組立単位（m⇒㎡，km⇒k㎡等），以前から採用されていた補助単位（cm，km等）についての規則，並びにその他の指示事項を与えられ，計量単位のまとまった規則が確立した。

比例・反比例

　小・中学校において扱われる比例・反比例は，それぞれ次のように定義される。

比例：二つの伴って変わる数量 x, y があり，x が2倍，3倍，…になるとき，y も2倍，3倍，…になるとき，この二つの数量 x, y は比例するという。

反比例：二つの伴って変わる数量 x, y があり，x が2倍，3倍，…になるとき，y が $\frac{1}{2}$，$\frac{1}{3}$，…になるとき，この二つの数量 x, y は反比例するという。

　y が x に比例するとき，$y =$（決まった数 a）$\times x$ と式表示される。また，このような式になるとき y は x に比例する。

　y が x に反比例するとき，$xy =$（決まった数 a）と式表示され，また，このような式になるとき y は x に反比例する。

　小学校における指導では，比例の意味を理解させ，比例の関係を表すグラフが原点を通る直線になることは具体的な数値に基づいて理解させる。

　中学校における指導では文字を用いて一般的な形で式表示され，比例定数や定義域，値域は整数だけでなく，分数や小数さらには負の数にまで拡張される。

　小・中学校の円滑な接続の観点から，それぞれの内容を十分に把握して指導に当たる必要がある。

：（比）

　数の比とは，2つの正の実数a，bの関係であり，一般にa：bと表す。このとき，aを前項，bを後項と呼ぶ。

　aとbの比を表す言葉は，次のような使われ方があるので留意したい。
（1） aとbの比　→　a：b
（2） aのbに対する比　→　a：b
（3） aに対するbの比　→　b：a

　（2）と（3）は混同されやすいため，「…に対する」という表現は「…をもとにして」という意味があることを理解させ，もとになる数が後項にくるよう指導する。

■「データの活用」領域の内容

ドットプロット

　度数分布表を視覚的に表したグラフで，横軸にデータ値やデータの階級を，縦軸に度数を配して点の数で度数を表したもの。度数が10であれば点を10個，縦に並べて表示する。

代表値・平均値・中央値・最頻値

　代表値は，データの分布状況を捉えるための統計量を代表する数値のことで，平均値や中央値（メジアン），最頻値（モード）などが用いられる。

　平均値は，すべての値を加え，個数で割ったものであり，ここでいう平均値は相加平均のことである。

　中央値（メジアン，中位数）は，資料を大きさの順に並べたときの中央にあたる値で，極端な値にあまり影響されないという利点がある。なお，資料の数が奇数の場合は，真ん中が決定できるので問題ないが，偶数の場合は，中央値の2つの値の平均を中央値とする。

　最頻値（モード，並数）は，最も度数の多い階級の値であって，度数分布表の作り方によって変わり，一意的に定まらないという欠点があるが，代表値として，ふさわしい性質をもつ場合が多いといわれている。

| 4 | 4 | 5 | 6 | 6 | 6 | 6 | 7 | 7 | 7 | 8 | 8 | 9 | 9 | 10 |

資料

　15人のテストの結果が，上記のようだったとすると，中央値は7点，最頻値は6点，平均値は6.8点となる。このように，それぞれの代表値にはそれぞれ特徴があり，ずれがあるのが普通である。

階級　度数　度数分布表
　階級とは，たくさんあるデータを見やすく整理するために，データをまとめる範囲（区間）のことをいう。また，度数とは，各階級に属するものの個数のことを，度数分布表とは，その属するデータがどのように散らばっているかを示す表のことをいう。

■総則・指導計画の作成等に関すること
中央教育審議会
　文部科学省に設置され，文部科学大臣の諮問に応じて，教育の振興及び生涯学習の推進を中核とした豊かな人間性を備えた創造的な人材の育成に関する重要事項，スポーツの振興に関する重要事項，生涯学習に係る機会の整備に関する重要事項を調査審議し，文部科学大臣又は関係行政機関の長に意見を述べる。

PISA調査
　経済協力開発機構（OECD）が，各国の教育制度や政策を様々な側面から比較する指標を開発するために実施している学習到達度調査。読解リテラシー（読解力），数学的リテラシー，科学的リテラシーの3分野に関する能力を評価している。

TIMSS調査
　国際教育到達度評価学会（IEA）が，児童生徒の算数・数学及び理科の教育到達度を国際的な尺度によって測定し，児童生徒の学習環境条件等の諸要因の関係を研究するために行っている調査。

全国学力・学習状況調査
　平成19年度から文部科学省が全国的な児童生徒の学力や学習状況を把握・分析することに

よって，教育施策の成果と課題の検証・改善，教育に関する継続的な検証改善サイクルの確立，学校における児童生徒への教育指導の充実や学習状況の改善等を目的として実施している調査。

社会に開かれた教育課程

　社会や世界の状況を幅広く視野に入れ，よりよい学校教育を通じてよりよい社会を創るという目標をもち，教育課程を介してその目標を社会と共有していくことをいう。学習指導要領等では，学校・保護者・地域が目標を共有し，活用することができる「学びの地図」の役割が求められている。

　各学校においては，それぞれが主体となり，必要な学習内容をどのように学び，どのような資質・能力を身に付けられるようにするのかを教育課程において明確にしながら，社会との連携及び協働により，その実現を図っていくことが求められている。

カリキュラム・マネジメント

　カリキュラム・マネジメントとは，学校教育に関わる様々な取り組みを，教育課程を中心に据えながら組織的かつ計画的に実施し，教育活動の質の向上につなげていくことをいう。

　算数科においては，算数・数学科の幼小・小中・中高の「縦のつながり」と，算数科を中心とした教科横断的な学習という「横のつながり」から学習を捉えていくことが求められる。

プログラミング教育

　プログラミング教育とは，子どもたちに，コンピュータに意図した処理を行うよう指示することができるということを体験させながら，小学校段階では次のような資質・能力を育成するものであるといえる。
・身近な生活でコンピュータが活用されていることや，問題の解決には必要な手順があることに気付くこと。【知識・技能】
・「プログラミング的思考」（自分が意図する一連の活動を実現するために，どのような動きの組み合わせが必要であり，一つ一つの動きに対応した記号を，どのように組み合わせたらよいのか，記号の組み合わせをどのように改善していけば，より意図した活動に近づくのか，といったことを論理的に考えていく力）を育成すること。【思考力・判断力・表現力等】

資料

・発達の段階に即して，コンピュータの働きを，よりよい人生や社会づくりに生かそうとする態度を涵養すること。【学びに向かう力・人間性等】

　算数科においては，例えば，除法の筆算の場合，一般に「たてる」→「かける」→「ひく」→…のような方法で計算を行う。このように同じ種類の問題を解決する際に，いつも使うことができる一定の方法や手順を見つけていこうとするとするアルゴリズムの考えは，上記のプログラミング的思考に通じるものがある。また，小学校学習指導要領解説算数編（2017）には，第5学年の正多角形の作図が例示されている。

スタートカリキュラム

　スタートカリキュラムとは，小学校へ入学した子どもが，幼稚園・保育所・認定こども園などの遊びや生活を通した学びと育ちを基礎として，主体的に自己を発揮し，新しい学校生活を創り出していくためのカリキュラムのことをいう。

　算数科においては，幼稚園教育要領（2017）に「幼児期の終わりまでに育ってほしい姿」として示されたねらい「身近な事象を見たり，考えたり，扱ったりする中で，物の性質や数量，文字などに対する感覚を豊かにする」に基づいて，幼稚園等で行われた活動や幼児の姿を幼児教育に携わる教員と小学校教育に携わる教員が共有していくことが取り組みのスタートとなろう。

インクルーシブ教育（システム）

　インクルーシブ教育システムとは，人間の多様性の尊重等を強化し，障害者が精神的及び身体的な能力等を可能な最大限度まで発達させ，自由な社会に効果的に参加することを可能とするとの目的の下，障害のある者と障害のない者が共に学ぶ仕組みのことをいう。

　小学校学習指導要領解説算数編（2017）では，「児童が日常使用することが少なく，抽象度の高い言葉の理解が困難な場合には，児童が具体的にイメージをもつことができるよう，児童の興味・関心や生活経験に関連の深い題材を取り上げて，既習の言葉やわかる言葉に置き換える」などの配慮を例示している。

平成29年版小学校学習指導要領
第2章　各教科　第3節　算数

第1　目　標
数学的な見方・考え方を働かせ，数学的活動を通して，数学的に考える資質・能力を次のとおり育成することを目指す。
　(1) 数量や図形などについての基礎的・基本的な概念や性質などを理解するとともに，日常の事象を数理的に処理する技能を身に付けるようにする。
　(2) 日常の事象を数理的に捉え見通しをもち筋道を立てて考察する力，基礎的・基本的な数量や図形の性質などを見いだし統合的・発展的に考察する力，数学的な表現を用いて事象を簡潔・明瞭・的確に表したり目的に応じて柔軟に表したりする力を養う。
　(3) 数学的活動の楽しさや数学のよさに気付き，学習を振り返ってよりよく問題解決しようとする態度，算数で学んだことを生活や学習に活用しようとする態度を養う。

第2　各学年の目標及び内容

〔第1学年〕

1　目　標
　(1) 数の概念とその表し方及び計算の意味を理解し，量，図形及び数量の関係についての理解の基礎となる経験を重ね，数量や図形についての感覚を豊かにするとともに，加法及び減法の計算をしたり，形を構成したり，身の回りにある量の大きさを比べたり，簡単な絵や図などに表したりすることなどについての技能を身に付けるようにする。
　(2) ものの数に着目し，具体物や図などを用いて数の数え方や計算の仕方を考える力，ものの形に着目して特徴を捉えたり，具体的な操作を通して形の構成について考えたりする力，身の回りにあるものの特徴を量に着目して捉え，量の大きさの比べ方を考える力，データの個数に着目して身の回りの事象の特徴を捉える力などを養う。
　(3) 数量や図形に親しみ，算数で学んだことのよさや楽しさを感じながら学ぶ態度を養う。

2　内　容
A　数と計算
　(1) 数の構成と表し方に関わる数学的活動を通して，次の事項を身に付けることができるよう指導する。
　　ア　次のような知識及び技能を身に付けること。
　　　(ｱ) ものとものとを対応させることによって，ものの個数を比べること。
　　　(ｲ) 個数や順番を正しく数えたり表したりすること。
　　　(ｳ) 数の大小や順序を考えることによって，数の系列を作ったり，数直線の上に表したりすること。
　　　(ｴ) 一つの数をほかの数の和や差としてみるなど，ほかの数と関係付けてみること。

　　　　(オ) 2位数の表し方について理解すること。
　　　　(カ) 簡単な場合について，3位数の表し方を知ること。
　　　　(キ) 数を，十を単位としてみること。
　　　　(ク) 具体物をまとめて数えたり等分したりして整理し，表すこと。
　　イ　次のような思考力，判断力，表現力等を身に付けること。
　　　　(ア) 数のまとまりに着目し，数の大きさの比べ方や数え方を考え，それらを日常生活に生かすこと。
　(2) 加法及び減法に関わる数学的活動を通して，次の事項を身に付けることができるよう指導する。
　　ア　次のような知識及び技能を身に付けること。
　　　　(ア) 加法及び減法の意味について理解し，それらが用いられる場合について知ること。
　　　　(イ) 加法及び減法が用いられる場面を式に表したり，式を読み取ったりすること。
　　　　(ウ) 1位数と1位数の加法及びその逆の減法の計算が確実にできること。
　　　　(エ) 簡単な場合について，2位数などについても加法及び減法ができることを知ること。
　　イ　次のような思考力，判断力，表現力等を身に付けること。
　　　　(ア) 数量の関係に着目し，計算の意味や計算の仕方を考えたり，日常生活に生かしたりすること。

B　図形
　(1) 身の回りにあるものの形に関わる数学的活動を通して，次の事項を身に付けることができるよう指導する。
　　ア　次のような知識及び技能を身に付けること。
　　　　(ア) ものの形を認め，形の特徴を知ること。
　　　　(イ) 具体物を用いて形を作ったり分解したりすること。
　　　　(ウ) 前後，左右，上下など方向や位置についての言葉を用いて，ものの位置を表すこと。
　　イ　次のような思考力，判断力，表現力等を身に付けること。
　　　　(ア) ものの形に着目し，身の回りにあるものの特徴を捉えたり，具体的な操作を通して形の構成について考えたりすること。

C　測定
　(1) 身の回りのものの大きさに関わる数学的活動を通して，次の事項を身に付けることができるよう指導する。
　　ア　次のような知識及び技能を身に付けること。
　　　　(ア) 長さ，広さ，かさなどの量を，具体的な操作によって直接比べたり，他のものを用いて比べたりすること。
　　　　(イ) 身の回りにあるものの大きさを単位として，その幾つ分かで大きさを比べること。
　　イ　次のような思考力，判断力，表現力等を身に付けること。
　　　　(ア) 身の回りのものの特徴に着目し，量の大きさの比べ方を見いだすこと。
　(2) 時刻に関わる数学的活動を通して，次の事項を身に付けることができるよう指導す

る。
　　ア　次のような知識及び技能を身に付けること。
　　　(ｱ)　日常生活の中で時刻を読むこと。
　　イ　次のような思考力，判断力，表現力等を身に付けること。
　　　(ｱ)　時刻の読み方を用いて，時刻と日常生活を関連付けること。

D　データの活用
(1) 数量の整理に関わる数学的活動を通して，次の事項を身に付けることができるよう指導する。
　　ア　次のような知識及び技能を身に付けること。
　　　(ｱ)　ものの個数について，簡単な絵や図などに表したり，それらを読み取ったりすること。
　　イ　次のような思考力，判断力，表現力等を身に付けること。
　　　(ｱ)　データの個数に着目し，身の回りの事象の特徴を捉えること。

〔数学的活動〕
(1) 内容の「A数と計算」，「B図形」，「C測定」及び「Dデータの活用」に示す学習については，次のような数学的活動に取り組むものとする。
　　ア　身の回りの事象を観察したり，具体物を操作したりして，数量や形を見いだす活動
　　イ　日常生活の問題を具体物などを用いて解決したり結果を確かめたりする活動
　　ウ　算数の問題を具体物などを用いて解決したり結果を確かめたりする活動
　　エ　問題解決の過程や結果を，具体物や図などを用いて表現する活動

〔用語・記号〕
　　一の位　十の位　＋　－　＝

〔第２学年〕
1　目　標
(1) 数の概念についての理解を深め，計算の意味と性質，基本的な図形の概念，量の概念，簡単な表とグラフなどについて理解し，数量や図形についての感覚を豊かにするとともに，加法，減法及び乗法の計算をしたり，図形を構成したり，長さやかさなどを測定したり，表やグラフに表したりすることなどについての技能を身に付けるようにする。
(2) 数とその表現や数量の関係に着目し，必要に応じて具体物や図などを用いて数の表し方や計算の仕方などを考察する力，平面図形の特徴を図形を構成する要素に着目して捉えたり，身の回りの事象を図形の性質から考察したりする力，身の回りにあるものの特徴を量に着目して捉え，量の単位を用いて的確に表現する力，身の回りの事象をデータの特徴に着目して捉え，簡潔に表現したり考察したりする力などを養う。
(3) 数量や図形に進んで関わり，数学的に表現・処理したことを振り返り，数理的な処理のよさに気付き生活や学習に活用しようとする態度を養う。

2 内　容
A　数と計算
(1) 数の構成と表し方に関わる数学的活動を通して，次の事項を身に付けることができるよう指導する。
　ア　次のような知識及び技能を身に付けること。
　　(ｱ) 同じ大きさの集まりにまとめて数えたり，分類して数えたりすること。
　　(ｲ) 4位数までについて，十進位取り記数法による数の表し方及び数の大小や順序について理解すること。
　　(ｳ) 数を十や百を単位としてみるなど，数の相対的な大きさについて理解すること。
　　(ｴ) 一つの数をほかの数の積としてみるなど，ほかの数と関係付けてみること。
　　(ｵ) 簡単な事柄を分類整理し，それを数を用いて表すこと。
　　(ｶ) $\frac{1}{2}$，$\frac{1}{4}$など簡単な分数について知ること。
　イ　次のような思考力，判断力，表現力等を身に付けること。
　　(ｱ) 数のまとまりに着目し，大きな数の大きさの比べ方や数え方を考え，日常生活に生かすこと。
(2) 加法及び減法に関わる数学的活動を通して，次の事項を身に付けることができるよう指導する。
　ア　次のような知識及び技能を身に付けること。
　　(ｱ) 2位数の加法及びその逆の減法の計算が，1位数などについての基本的な計算を基にしてできることを理解し，それらの計算が確実にできること。また，それらの筆算の仕方について理解すること。
　　(ｲ) 簡単な場合について，3位数などの加法及び減法の計算の仕方を知ること。
　　(ｳ) 加法及び減法に関して成り立つ性質について理解すること。
　　(ｴ) 加法と減法との相互関係について理解すること。
　イ　次のような思考力，判断力，表現力等を身に付けること。
　　(ｱ) 数量の関係に着目し，計算の仕方を考えたり計算に関して成り立つ性質を見いだしたりするとともに，その性質などを活用して，計算を工夫したり計算の確かめをしたりすること。
(3) 乗法に関わる数学的活動を通して，次の事項を身に付けることができるよう指導する。
　ア　次のような知識及び技能を身に付けること。
　　(ｱ) 乗法の意味について理解し，それが用いられる場合について知ること。
　　(ｲ) 乗法が用いられる場面を式に表したり，式を読み取ったりすること。
　　(ｳ) 乗法に関して成り立つ簡単な性質について理解すること。
　　(ｴ) 乗法九九について知り，1位数と1位数との乗法の計算が確実にできること。
　　(ｵ) 簡単な場合について，2位数と1位数との乗法の計算の仕方を知ること。
　イ　次のような思考力，判断力，表現力等を身に付けること。
　　(ｱ) 数量の関係に着目し，計算の意味や計算の仕方を考えたり計算に関して成り立つ性質を見いだしたりするとともに，その性質を活用して，計算を工夫したり計算の確かめをしたりすること。
　　(ｲ) 数量の関係に着目し，計算を日常生活に生かすこと。

B　図形
(1) 図形に関わる数学的活動を通して，次の事項を身に付けることができるよう指導する。
　ア　次のような知識及び技能を身に付けること。
　　(ｱ)　三角形，四角形について知ること。
　　(ｲ)　正方形，長方形，直角三角形について知ること。
　　(ｳ)　正方形や長方形の面で構成される箱の形をしたものについて理解し，それらを構成したり分解したりすること。
　イ　次のような思考力，判断力，表現力等を身に付けること。
　　(ｱ)　図形を構成する要素に着目し，構成の仕方を考えるとともに，身の回りのものの形を図形として捉えること。

C　測定
(1) 量の単位と測定に関わる数学的活動を通して，次の事項を身に付けることができるよう指導する。
　ア　次のような知識及び技能を身に付けること。
　　(ｱ)　長さの単位（ミリメートル (mm)，センチメートル (cm)，メートル (m)）及びかさの単位（ミリリットル (mL)，デシリットル (dL)，リットル (L)）について知り，測定の意味を理解すること。
　　(ｲ)　長さ及びかさについて，およその見当を付け，単位を適切に選択して測定すること。
　イ　次のような思考力，判断力，表現力等を身に付けること。
　　(ｱ)　身の回りのものの特徴に着目し，目的に応じた単位で量の大きさを的確に表現したり，比べたりすること。
(2) 時刻と時間に関わる数学的活動を通して，次の事項を身に付けることができるよう指導する。
　ア　次のような知識及び技能を身に付けること。
　　(ｱ)　日，時，分について知り，それらの関係を理解すること。
　イ　次のような思考力，判断力，表現力等を身に付けること。
　　(ｱ)　時間の単位に着目し，時刻や時間を日常生活に生かすこと。

D　データの活用
(1) データの分析に関わる数学的活動を通して，次の事項を身に付けることができるよう指導する。
　ア　次のような知識及び技能を身に付けること。
　　(ｱ)　身の回りにある数量を分類整理し，簡単な表やグラフを用いて表したり読み取ったりすること。
　イ　次のような思考力，判断力，表現力等を身に付けること。
　　(ｱ)　データを整理する観点に着目し，身の回りの事象について表やグラフを用いて考察すること。

〔数学的活動〕
(1) 内容の「A数と計算」，「B図形」，「C測定」及び「Dデータの活用」に示す学習に

ついては，次のような数学的活動に取り組むものとする。
　　ア　身の回りの事象を観察したり，具体物を操作したりして，数量や図形に進んで関わる活動
　　イ　日常の事象から見いだした算数の問題を，具体物，図，数，式などを用いて解決し，結果を確かめる活動
　　ウ　算数の学習場面から見いだした算数の問題を，具体物，図，数，式などを用いて解決し，結果を確かめる活動
　　エ　問題解決の過程や結果を，具体物，図，数，式などを用いて表現し伝え合う活動

〔用語・記号〕
　　直線　直角　頂点　辺　面　単位　×　＞　＜

3　内容の取扱い
(1) 内容の「A数と計算」の(1)については，1万についても取り扱うものとする。
(2) 内容の「A数と計算」の(2)については，必要な場合には，（ ）や□などを用いることができる。また，計算の結果の見積りについて配慮するものとする。
(3) 内容の「A数と計算」の(2)のアの(ｳ)については，交換法則や結合法則を取り扱うものとする。
(4) 内容の「A数と計算」の(3)のアの(ｳ)については，主に乗数が1ずつ増えるときの積の増え方や交換法則を取り扱うものとする。
(5) 内容の「B図形」の(1)のアの(ｲ)に関連して，正方形，長方形が身の回りで多く使われていることが分かるようにするとともに，敷き詰めるなどの操作的な活動を通して，平面の広がりについての基礎となる経験を豊かにするよう配慮するものとする。

〔第3学年〕

1　目　標
(1) 数の表し方，整数の計算の意味と性質，小数及び分数の意味と表し方，基本的な図形の概念，量の概念，棒グラフなどについて理解し，数量や図形についての感覚を豊かにするとともに，整数などの計算をしたり，図形を構成したり，長さや重さなどを測定したり，表やグラフに表したりすることについての技能を身に付けるようにする。
(2) 数とその表現や数量の関係に着目し，必要に応じて具体物や図などを用いて数の表し方や計算の仕方などを考察する力，平面図形の特徴を図形を構成する要素に着目して捉えたり，身の回りの事象を図形の性質から考察したりする力，身の回りにあるものの特徴を量に着目して捉え，量の単位を用いて的確に表現する力，身の回りの事象をデータの特徴に着目して捉え，簡潔に表現したり適切に判断したりする力などを養う。
(3) 数量や図形に進んで関わり，数学的に表現・処理したことを振り返り，数理的な処理のよさに気付き生活や学習に活用しようとする態度を養う。

2　内　容
A　数と計算
(1) 整数の表し方に関わる数学的活動を通して，次の事項を身に付けることができるよ

う指導する。
　ア　次のような知識及び技能を身に付けること。
　　(ｱ) 万の単位について知ること。
　　(ｲ) 10倍,100倍,1000倍, $\frac{1}{10}$の大きさの数及びそれらの表し方について知ること。
　　(ｳ) 数の相対的な大きさについての理解を深めること。
　イ　次のような思考力，判断力，表現力等を身に付けること。
　　(ｱ) 数のまとまりに着目し，大きな数の大きさの比べ方や表し方を考え，日常生活に生かすこと。
(2) 加法及び減法に関わる数学的活動を通して，次の事項を身に付けることができるよう指導する。
　ア　次のような知識及び技能を身に付けること。
　　(ｱ) 3位数や4位数の加法及び減法の計算が，2位数などについての基本的な計算を基にしてできることを理解すること。また，それらの筆算の仕方について理解すること。
　　(ｲ) 加法及び減法の計算が確実にでき，それらを適切に用いること。
　イ　次のような思考力，判断力，表現力等を身に付けること。
　　(ｱ) 数量の関係に着目し，計算の仕方を考えたり計算に関して成り立つ性質を見いだしたりするとともに，計算に関して成り立つ性質を活用し，計算を工夫したり，計算の確かめをしたりすること。
(3) 乗法に関わる数学的活動を通して，次の事項を身に付けることができるよう指導する。
　ア　次のような知識及び技能を身に付けること。
　　(ｱ) 2位数や3位数に1位数や2位数をかける乗法の計算が，乗法九九などの基本的な計算を基にしてできることを理解すること。また，その筆算の仕方について理解すること。
　　(ｲ) 乗法の計算が確実にでき，それを適切に用いること。
　　(ｳ) 乗法に関して成り立つ性質について理解すること。
　イ　次のような思考力，判断力，表現力等を身に付けること。
　　(ｱ) 数量の関係に着目し，計算の仕方を考えたり計算に関して成り立つ性質を見いだしたりするとともに，計算に関して成り立つ性質を活用し，計算を工夫したり，計算の確かめをしたりすること。
(4) 除法に関わる数学的活動を通して，次の事項を身に付けることができるよう指導する。
　ア　次のような知識及び技能を身に付けること。
　　(ｱ) 除法の意味について理解し，それが用いられる場合について知ること。また，余りについて知ること。
　　(ｲ) 除法が用いられる場面を式に表したり，式を読み取ったりすること。
　　(ｳ) 除法と乗法や減法との関係について理解すること。
　　(ｴ) 除数と商が共に1位数である除法の計算が確実にできること。
　　(ｵ) 簡単な場合について，除数が1位数で商が2位数の除法の計算の仕方を知ること。
　イ　次のような思考力，判断力，表現力等を身に付けること。
　　(ｱ) 数量の関係に着目し，計算の意味や計算の仕方を考えたり，計算に関して成り

立つ性質を見いだしたりするとともに，その性質を活用して，計算を工夫したり計算の確かめをしたりすること。
　　　(イ) 数量の関係に着目し，計算を日常生活に生かすこと。
　(5) 小数とその表し方に関わる数学的活動を通して，次の事項を身に付けることができるよう指導する。
　　ア 次のような知識及び技能を身に付けること。
　　　(ア) 端数部分の大きさを表すのに小数を用いることを知ること。また，小数の表し方及び$\frac{1}{10}$の位について知ること。
　　　(イ) $\frac{1}{10}$の位までの小数の加法及び減法の意味について理解し，それらの計算ができることを知ること。
　　イ 次のような思考力，判断力，表現力等を身に付けること。
　　　(ア) 数のまとまりに着目し，小数でも数の大きさを比べたり計算したりできるかどうかを考えるとともに，小数を日常生活に生かすこと。
　(6) 分数とその表し方に関わる数学的活動を通して，次の事項を身に付けることができるよう指導する。
　　ア 次のような知識及び技能を身に付けること。
　　　(ア) 等分してできる部分の大きさや端数部分の大きさを表すのに分数を用いることを知ること。また，分数の表し方について知ること。
　　　(イ) 分数が単位分数の幾つ分かで表すことができることを知ること。
　　　(ウ) 簡単な場合について，分数の加法及び減法の意味について理解し，それらの計算ができることを知ること。
　　イ 次のような思考力，判断力，表現力等を身に付けること。
　　　(ア) 数のまとまりに着目し，分数でも数の大きさを比べたり計算したりできるかどうかを考えるとともに，分数を日常生活に生かすこと。
　(7) 数量の関係を表す式に関わる数学的活動を通して，次の事項を身に付けることができるよう指導する。
　　ア 次のような知識及び技能を身に付けること。
　　　(ア) 数量の関係を表す式について理解するとともに，数量を□などを用いて表し，その関係を式に表したり，□などに数を当てはめて調べたりすること。
　　イ 次のような思考力，判断力，表現力等を身に付けること。
　　　(ア) 数量の関係に着目し，数量の関係を図や式を用いて簡潔に表したり，式と図を関連付けて式を読んだりすること。
　(8) そろばんを用いた数の表し方と計算に関わる数学的活動を通して，次の事項を身に付けることができるよう指導する。
　　ア 次のような知識及び技能を身に付けること。
　　　(ア) そろばんによる数の表し方について知ること。
　　　(イ) 簡単な加法及び減法の計算の仕方について知り，計算すること。
　　イ 次のような思考力，判断力，表現力等を身に付けること。
　　　(ア) そろばんの仕組みに着目し，大きな数や小数の計算の仕方を考えること。

B　図形
　(1) 図形に関わる数学的活動を通して，次の事項を身に付けることができるよう指導する。

ア　次のような知識及び技能を身に付けること。
　　　(ｱ)　二等辺三角形，正三角形などについて知り，作図などを通してそれらの関係に次第に着目すること。
　　　(ｲ)　基本的な図形と関連して角について知ること。
　　　(ｳ)　円について，中心，半径，直径を知ること。また，円に関連して，球についても直径などを知ること。
　　イ　次のような思考力，判断力，表現力等を身に付けること。
　　　(ｱ)　図形を構成する要素に着目し，構成の仕方を考えるとともに，図形の性質を見いだし，身の回りのものの形を図形として捉えること。

C　測定
　(1)　量の単位と測定に関わる数学的活動を通して，次の事項を身に付けることができるよう指導する。
　　ア　次のような知識及び技能を身に付けること。
　　　(ｱ)　長さの単位(キロメートル(km))及び重さの単位(グラム(g)，キログラム(kg))について知り，測定の意味を理解すること。
　　　(ｲ)　長さや重さについて，適切な単位で表したり，およその見当を付け計器を適切に選んで測定したりすること。
　　イ　次のような思考力，判断力，表現力等を身に付けること。
　　　(ｱ)　身の回りのものの特徴に着目し，単位の関係を統合的に考察すること。
　(2)　時刻と時間に関わる数学的活動を通して，次の事項を身に付けることができるよう指導する。
　　ア　次のような知識及び技能を身に付けること。
　　　(ｱ)　秒について知ること。
　　　(ｲ)　日常生活に必要な時刻や時間を求めること。
　　イ　次のような思考力，判断力，表現力等を身に付けること。
　　　(ｱ)　時間の単位に着目し，時刻や時間の求め方について考察し，日常生活に生かすこと。

D　データの活用
　(1)　データの分析に関わる数学的活動を通して，次の事項を身に付けることができるよう指導する。
　　ア　次のような知識及び技能を身に付けること。
　　　(ｱ)　日時の観点や場所の観点などからデータを分類整理し，表に表したり読んだりすること。
　　　(ｲ)　棒グラフの特徴やその用い方を理解すること。
　　イ　次のような思考力，判断力，表現力等を身に付けること。
　　　(ｱ)　データを整理する観点に着目し，身の回りの事象について表やグラフを用いて考察して，見いだしたことを表現すること。

〔数学的活動〕
　(1)　内容の「A数と計算」，「B図形」，「C測定」及び「Dデータの活用」に示す学習については，次のような数学的活動に取り組むものとする。

資料

　　　ア　身の回りの事象を観察したり，具体物を操作したりして，数量や図形に進んで関わる活動
　　　イ　日常の事象から見いだした算数の問題を，具体物，図，数，式などを用いて解決し，結果を確かめる活動
　　　ウ　算数の学習場面から見いだした算数の問題を，具体物，図，数，式などを用いて解決し，結果を確かめる活動
　　　エ　問題解決の過程や結果を，具体物，図，数，式などを用いて表現し伝え合う活動

　〔用語・記号〕
　　　等号　不等号　小数点　$\frac{1}{10}$の位　数直線　分母　分子　÷

3　内容の取扱い
　(1)　内容の「A数と計算」の(1)については，1億についても取り扱うものとする。
　(2)　内容の「A数と計算」の(2)及び(3)については，簡単な計算は暗算でできるよう配慮するものとする。また，計算の結果の見積りについても触れるものとする。
　(3)　内容の「A数と計算」の(3)については，乗数又は被乗数が0の場合の計算についても取り扱うものとする。
　(4)　内容の「A数と計算」の(3)のアの(ｳ)については，交換法則，結合法則，分配法則を取り扱うものとする。
　(5)　内容の「A数と計算」の(5)及び(6)については，小数の0.1と分数の$\frac{1}{10}$などを数直線を用いて関連付けて取り扱うものとする。
　(6)　内容の「B図形」の(1)の基本的な図形については，定規，コンパスなどを用いて，図形をかいたり確かめたりする活動を重視するとともに，三角形や円などを基にして模様をかくなどの具体的な活動を通して，図形のもつ美しさに関心をもたせるよう配慮するものとする。
　(7)　内容の「C測定」の(1)については，重さの単位のトン (t) について触れるとともに，接頭語（キロ (k) やミリ (m)）についても触れるものとする。
　(8)　内容の「Dデータの活用」の(1)のアの(ｲ)については，最小目盛りが2，5又は20，50などの棒グラフや，複数の棒グラフを組み合わせたグラフなどにも触れるものとする。

〔第4学年〕

1　目　標
　(1)　小数及び分数の意味と表し方，四則の関係，平面図形と立体図形，面積，角の大きさ，折れ線グラフなどについて理解するとともに，整数，小数及び分数の計算をしたり，図形を構成したり，図形の面積や角の大きさを求めたり，表やグラフに表したりすることなどについての技能を身に付けるようにする。
　(2)　数とその表現や数量の関係に着目し，目的に合った表現方法を用いて計算の仕方などを考察する力，図形を構成する要素及びそれらの位置関係に着目し，図形の性質や図形の計量について考察する力，伴って変わる二つの数量やそれらの関係に着目し，変化や対応の特徴を見いだして，二つの数量の関係を表や式を用いて考察する力，目的に応じてデータを収集し，データの特徴や傾向に着目して表やグラフに的確に

表現し，それらを用いて問題解決したり，解決の過程や結果を多面的に捉え考察したりする力などを養う。
(3) 数学的に表現・処理したことを振り返り，多面的に捉え検討してよりよいものを求めて粘り強く考える態度，数学のよさに気付き学習したことを生活や学習に活用しようとする態度を養う。

2 内 容
A 数と計算
(1) 整数の表し方に関わる数学的活動を通して，次の事項を身に付けることができるよう指導する。
　ア　次のような知識及び技能を身に付けること。
　　(ア) 億，兆の単位について知り，十進位取り記数法についての理解を深めること。
　イ　次のような思考力，判断力，表現力等を身に付けること。
　　(ア) 数のまとまりに着目し，大きな数の大きさの比べ方や表し方を統合的に捉えるとともに，それらを日常生活に生かすこと。
(2) 概数に関わる数学的活動を通して，次の事項を身に付けることができるよう指導する。
　ア　次のような知識及び技能を身に付けること。
　　(ア) 概数が用いられる場合について知ること。
　　(イ) 四捨五入について知ること。
　　(ウ) 目的に応じて四則計算の結果の見積りをすること。
　イ　次のような思考力，判断力，表現力等を身に付けること。
　　(ア) 日常の事象における場面に着目し，目的に合った数の処理の仕方を考えるとともに，それを日常生活に生かすこと。
(3) 整数の除法に関わる数学的活動を通して，次の事項を身に付けることができるよう指導する。
　ア　次のような知識及び技能を身に付けること。
　　(ア) 除数が1位数や2位数で被除数が2位数や3位数の場合の計算が，基本的な計算を基にしてできることを理解すること。また，その筆算の仕方について理解すること。
　　(イ) 除法の計算が確実にでき，それを適切に用いること。
　　(ウ) 除法について，次の関係を理解すること。
　　　　（被除数）＝（除数）×（商）＋（余り）
　　(エ) 除法に関して成り立つ性質について理解すること。
　イ　次のような思考力，判断力，表現力等を身に付けること。
　　(ア) 数量の関係に着目し，計算の仕方を考えたり計算に関して成り立つ性質などを見いだしたりするとともに，計算に関して成り立つ性質などを活用し，計算を工夫したり，計算の確かめをしたりすること。
(4) 小数とその計算に関わる数学的活動を通して，次の事項を身に付けることができるよう指導する。
　ア　次のような知識及び技能を身に付けること。
　　(ア) ある量の何倍かを表すのに小数を用いることを知ること。
　　(イ) 小数が整数と同じ仕組みで表されていることを知るとともに，数の相対的な大

資料

　　　　きさについての理解を深めること。
　　　(ウ) 小数の加法及び減法の計算ができること。
　　　(エ) 乗数や除数が整数である場合の小数の乗法及び除法の計算ができること。
　　イ　次のような思考力，判断力，表現力等を身に付けること。
　　　(ア) 数の表し方の仕組みや数を構成する単位に着目し，計算の仕方を考えるとともに，それを日常生活に生かすこと。
(5) 分数とその加法及び減法に関わる数学的活動を通して，次の事項を身に付けることができるよう指導する。
　　ア　次のような知識及び技能を身に付けること。
　　　(ア) 簡単な場合について，大きさの等しい分数があることを知ること。
　　　(イ) 同分母の分数の加法及び減法の計算ができること。
　　イ　次のような思考力，判断力，表現力等を身に付けること。
　　　(ア) 数を構成する単位に着目し，大きさの等しい分数を探したり，計算の仕方を考えたりするとともに，それを日常生活に生かすこと。
(6) 数量の関係を表す式に関わる数学的活動を通して，次の事項を身に付けることができるよう指導する。
　　ア　次のような知識及び技能を身に付けること。
　　　(ア) 四則の混合した式や（　）を用いた式について理解し，正しく計算すること。
　　　(イ) 公式についての考え方を理解し，公式を用いること。
　　　(ウ) 数量を□，△などを用いて表し，その関係を式に表したり，□，△などに数を当てはめて調べたりすること。
　　イ　次のような思考力，判断力，表現力等を身に付けること。
　　　(ア) 問題場面の数量の関係に着目し，数量の関係を簡潔に，また一般的に表現したり，式の意味を読み取ったりすること。
(7) 計算に関して成り立つ性質に関わる数学的活動を通して，次の事項を身に付けることができるよう指導する。
　　ア　次のような知識及び技能を身に付けること。
　　　(ア) 四則に関して成り立つ性質についての理解を深めること。
　　イ　次のような思考力，判断力，表現力等を身に付けること。
　　　(ア) 数量の関係に着目し，計算に関して成り立つ性質を用いて計算の仕方を考えること。
(8) そろばんを用いた数の表し方と計算に関わる数学的活動を通して，次の事項を身に付けることができるよう指導する。
　　ア　次のような知識及び技能を身に付けること。
　　　(ア) 加法及び減法の計算をすること。
　　イ　次のような思考力，判断力，表現力等を身に付けること。
　　　(ア) そろばんの仕組みに着目し，大きな数や小数の計算の仕方を考えること。

B　図形

(1) 平面図形に関わる数学的活動を通して，次の事項を身に付けることができるよう指導する。
　　ア　次のような知識及び技能を身に付けること。
　　　(ア) 直線の平行や垂直の関係について理解すること。

　　　　(イ) 平行四辺形，ひし形，台形について知ること。
　　イ　次のような思考力，判断力，表現力等を身に付けること。
　　　　(ア) 図形を構成する要素及びそれらの位置関係に着目し，構成の仕方を考察し図形の性質を見いだすとともに，その性質を基に既習の図形を捉え直すこと。
(2) 立体図形に関わる数学的活動を通して，次の事項を身に付けることができるよう指導する。
　　ア　次のような知識及び技能を身に付けること。
　　　　(ア) 立方体，直方体について知ること。
　　　　(イ) 直方体に関連して，直線や平面の平行や垂直の関係について理解すること。
　　　　(ウ) 見取図，展開図について知ること。
　　イ　次のような思考力，判断力，表現力等を身に付けること。
　　　　(ア) 図形を構成する要素及びそれらの位置関係に着目し，立体図形の平面上での表現や構成の仕方を考察し図形の性質を見いだすとともに，日常の事象を図形の性質から捉え直すこと。
(3) ものの位置に関わる数学的活動を通して，次の事項を身に付けることができるよう指導する。
　　ア　次のような知識及び技能を身に付けること。
　　　　(ア) ものの位置の表し方について理解すること。
　　イ　次のような思考力，判断力，表現力等を身に付けること。
　　　　(ア) 平面や空間における位置を決める要素に着目し，その位置を数を用いて表現する方法を考察すること。
(4) 平面図形の面積に関わる数学的活動を通して，次の事項を身に付けることができるよう指導する。
　　ア　次のような知識及び技能を身に付けること。
　　　　(ア) 面積の単位（平方センチメートル（cm^2），平方メートル（m^2），平方キロメートル（km^2））について知ること。
　　　　(イ) 正方形及び長方形の面積の計算による求め方について理解すること。
　　イ　次のような思考力，判断力，表現力等を身に付けること。
　　　　(ア) 面積の単位や図形を構成する要素に着目し，図形の面積の求め方を考えるとともに，面積の単位とこれまでに学習した単位との関係を考察すること。
(5) 角の大きさに関わる数学的活動を通して，次の事項を身に付けることができるよう指導する。
　　ア　次のような知識及び技能を身に付けること。
　　　　(ア) 角の大きさを回転の大きさとして捉えること。
　　　　(イ) 角の大きさの単位（度（°））について知り，角の大きさを測定すること。
　　イ　次のような思考力，判断力，表現力等を身に付けること。
　　　　(ア) 図形の角の大きさに着目し，角の大きさを柔軟に表現したり，図形の考察に生かしたりすること。

C　変化と関係
(1) 伴って変わる二つの数量に関わる数学的活動を通して，次の事項を身に付けることができるよう指導する。
　　ア　次のような知識及び技能を身に付けること。

(ｲ) 変化の様子を表や式，折れ線グラフを用いて表したり，変化の特徴を読み取ったりすること。
　　イ　次のような思考力，判断力，表現力等を身に付けること。
　　　(ｱ) 伴って変わる二つの数量を見いだして，それらの関係に着目し，表や式を用いて変化や対応の特徴を考察すること。
　(2) 二つの数量の関係に関わる数学的活動を通して，次の事項を身に付けることができるよう指導する。
　　ア　次のような知識及び技能を身に付けること。
　　　(ｱ) 簡単な場合について，ある二つの数量の関係と別の二つの数量の関係とを比べる場合に割合を用いる場合があることを知ること。
　　イ　次のような思考力，判断力，表現力等を身に付けること。
　　　(ｱ) 日常の事象における数量の関係に着目し，図や式などを用いて，ある二つの数量の関係と別の二つの数量の関係との比べ方を考察すること。

　D　データの活用
　(1) データの収集とその分析に関わる数学的活動を通して，次の事項を身に付けることができるよう指導する。
　　ア　次のような知識及び技能を身に付けること。
　　　(ｱ) データを二つの観点から分類整理する方法を知ること。
　　　(ｲ) 折れ線グラフの特徴とその用い方を理解すること。
　　イ　次のような思考力，判断力，表現力等を身に付けること。
　　　(ｱ) 目的に応じてデータを集めて分類整理し，データの特徴や傾向に着目し，問題を解決するために適切なグラフを選択して判断し，その結論について考察すること。

〔数学的活動〕
　(1) 内容の「A数と計算」，「B図形」，「C変化と関係」及び「Dデータの活用」に示す学習については，次のような数学的活動に取り組むものとする。
　　ア　日常の事象から算数の問題を見いだして解決し，結果を確かめたり，日常生活等に生かしたりする活動
　　イ　算数の学習場面から算数の問題を見いだして解決し，結果を確かめたり，発展的に考察したりする活動
　　ウ　問題解決の過程や結果を，図や式などを用いて数学的に表現し伝え合う活動

〔用語・記号〕
　　和　差　積　商　以上　以下　未満　真分数　仮分数　帯分数　平行
　　垂直　対角線　平面

3　内容の取扱い
　(1) 内容の「A数と計算」の(1)については，大きな数を表す際に，3桁ごとに区切りを用いる場合があることに触れるものとする。
　(2) 内容の「A数と計算」の(2)のアの(ｳ)及び(3)については，簡単な計算は暗算できるよう配慮するものとする。また，暗算を筆算や見積りに生かすよう配慮するものと

する。
(3) 内容の「A数と計算」の(3)については，第1学年から第4学年までに示す整数の計算の能力を定着させ，それを用いる能力を伸ばすことに配慮するものとする。
(4) 内容の「A数と計算」の(3)のアの(エ)については，除数及び被除数に同じ数をかけても，同じ数で割っても商は変わらないという性質などを取り扱うものとする。
(5) 内容の「A数と計算」の(4)のアの(エ)については，整数を整数で割って商が小数になる場合も含めるものとする。
(6) 内容の「A数と計算」の(7)のアの(ア)については，交換法則，結合法則，分配法則を扱うものとする。
(7) 内容の「B図形」の(1)については，平行四辺形，ひし形，台形で平面を敷き詰めるなどの操作的な活動を重視するよう配慮するものとする。
(8) 内容の「B図形」の(4)のアの(ア)については，アール（a），ヘクタール（ha）の単位についても触れるものとする。
(9) 内容の「Dデータの活用」の(1)のアの(ア)については，資料を調べるときに，落ちや重なりがないようにすることを取り扱うものとする。
(10) 内容の「Dデータの活用」の(1)のアの(イ)については，複数系列のグラフや組み合わせたグラフにも触れるものとする。

〔第5学年〕

1 目 標
(1) 整数の性質，分数の意味，小数と分数の計算の意味，面積の公式，図形の意味と性質，図形の体積，速さ，割合，帯グラフなどについて理解するとともに，小数や分数の計算をしたり，図形の性質を調べたり，図形の面積や体積を求めたり，表やグラフに表したりすることなどについての技能を身に付けるようにする。
(2) 数とその表現や計算の意味に着目し，目的に合った表現方法を用いて数の性質や計算の仕方などを考察する力，図形を構成する要素や図形間の関係などに着目し，図形の性質や図形の計量について考察する力，伴って変わる二つの数量やそれらの関係に着目し，変化や対応の特徴を見いだして，二つの数量の関係を表や式を用いて考察する力，目的に応じてデータを収集し，データの特徴や傾向に着目して表やグラフに的確に表現し，それらを用いて問題解決したり，解決の過程や結果を多面的に捉え考察したりする力などを養う。
(3) 数学的に表現・処理したことを振り返り，多面的に捉え検討してよりよいものを求めて粘り強く考える態度，数学のよさに気付き学習したことを生活や学習に活用しようとする態度を養う。

2 内 容
A 数と計算
(1) 整数の性質及び整数の構成に関わる数学的活動を通して，次の事項を身に付けることができるよう指導する。
　ア 次のような知識及び技能を身に付けること。
　　(ア) 整数は，観点を決めると偶数と奇数に類別されることを知ること。
　　(イ) 約数，倍数について知ること。

イ　次のような思考力，判断力，表現力等を身に付けること。
　　　(ｱ)　乗法及び除法に着目し，観点を決めて整数を類別する仕方を考えたり，数の構成について考察したりするとともに，日常生活に生かすこと。
(2)　整数及び小数の表し方に関わる数学的活動を通して，次の事項を身に付けることができるよう指導する。
　　ア　次のような知識及び技能を身に付けること。
　　　(ｱ)　ある数の10倍，100倍，1000倍，$\frac{1}{10}$，$\frac{1}{100}$などの大きさの数を，小数点の位置を移してつくること。
　　イ　次のような思考力，判断力，表現力等を身に付けること。
　　　(ｱ)　数の表し方の仕組みに着目し，数の相対的な大きさを考察し，計算などに有効に生かすこと。
(3)　小数の乗法及び除法に関わる数学的活動を通して，次の事項を身に付けることができるよう指導する。
　　ア　次のような知識及び技能を身に付けること。
　　　(ｱ)　乗数や除数が小数である場合の小数の乗法及び除法の意味について理解すること。
　　　(ｲ)　小数の乗法及び除法の計算ができること。また，余りの大きさについて理解すること。
　　　(ｳ)　小数の乗法及び除法についても整数の場合と同じ関係や法則が成り立つことを理解すること。
　　イ　次のような思考力，判断力，表現力等を身に付けること。
　　　(ｱ)　乗法及び除法の意味に着目し，乗数や除数が小数である場合まで数の範囲を広げて乗法及び除法の意味を捉え直すとともに，それらの計算の仕方を考えたり，それらを日常生活に生かしたりすること。
(4)　分数に関わる数学的活動を通して，次の事項を身に付けることができるよう指導する。
　　ア　次のような知識及び技能を身に付けること。
　　　(ｱ)　整数及び小数を分数の形に直したり，分数を小数で表したりすること。
　　　(ｲ)　整数の除法の結果は，分数を用いると常に一つの数として表すことができることを理解すること。
　　　(ｳ)　一つの分数の分子及び分母に同じ数を乗除してできる分数は，元の分数と同じ大きさを表すことを理解すること。
　　　(ｴ)　分数の相等及び大小について知り，大小を比べること。
　　イ　次のような思考力，判断力，表現力等を身に付けること。
　　　(ｱ)　数を構成する単位に着目し，数の相等及び大小関係について考察すること。
　　　(ｲ)　分数の表現に着目し，除法の結果の表し方を振り返り，分数の意味をまとめること。
(5)　分数の加法及び減法に関わる数学的活動を通して，次の事項を身に付けることができるよう指導する。
　　ア　次のような知識及び技能を身に付けること。
　　　(ｱ)　異分母の分数の加法及び減法の計算ができること。
　　イ　次のような思考力，判断力，表現力等を身に付けること。
　　　(ｱ)　分数の意味や表現に着目し，計算の仕方を考えること。

(6) 数量の関係を表す式に関わる数学的活動を通して，次の事項を身に付けることができるよう指導する。
　ア　次のような知識及び技能を身に付けること。
　　(ｱ) 数量の関係を表す式についての理解を深めること。
　イ　次のような思考力，判断力，表現力等を身に付けること。
　　(ｱ) 二つの数量の対応や変わり方に着目し，簡単な式で表されている関係について考察すること。

B　図形
(1) 平面図形に関わる数学的活動を通して，次の事項を身に付けることができるよう指導する。
　ア　次のような知識及び技能を身に付けること。
　　(ｱ) 図形の形や大きさが決まる要素について理解するとともに，図形の合同について理解すること。
　　(ｲ) 三角形や四角形など多角形についての簡単な性質を理解すること。
　　(ｳ) 円と関連させて正多角形の基本的な性質を知ること。
　　(ｴ) 円周率の意味について理解し，それを用いること。
　イ　次のような思考力，判断力，表現力等を身に付けること。
　　(ｱ) 図形を構成する要素及び図形間の関係に着目し，構成の仕方を考察したり，図形の性質を見いだし，その性質を筋道を立てて考え説明したりすること。
(2) 立体図形に関わる数学的活動を通して，次の事項を身に付けることができるよう指導する。
　ア　次のような知識及び技能を身に付けること。
　　(ｱ) 基本的な角柱や円柱について知ること。
　イ　次のような思考力，判断力，表現力等を身に付けること。
　　(ｱ) 図形を構成する要素に着目し，図形の性質を見いだすとともに，その性質を基に既習の図形を捉え直すこと。
(3) 平面図形の面積に関わる数学的活動を通して，次の事項を身に付けることができるよう指導する。
　ア　次のような知識及び技能を身に付けること。
　　(ｱ) 三角形，平行四辺形，ひし形，台形の面積の計算による求め方について理解すること。
　イ　次のような思考力，判断力，表現力等を身に付けること。
　　(ｱ) 図形を構成する要素などに着目して，基本図形の面積の求め方を見いだすとともに，その表現を振り返り，簡潔かつ的確な表現に高め，公式として導くこと。
(4) 立体図形の体積に関わる数学的活動を通して，次の事項を身に付けることができるよう指導する。
　ア　次のような知識及び技能を身に付けること。
　　(ｱ) 体積の単位（立方センチメートル（cm^3），立方メートル（m^3））について知ること。
　　(ｲ) 立方体及び直方体の体積の計算による求め方について理解すること。
　イ　次のような思考力，判断力，表現力等を身に付けること。
　　(ｱ) 体積の単位や図形を構成する要素に着目し，図形の体積の求め方を考えるとと

もに,体積の単位とこれまでに学習した単位との関係を考察すること。

C 変化と関係
(1) 伴って変わる二つの数量に関わる数学的活動を通して,次の事項を身に付けることができるよう指導する。
ア 次のような知識及び技能を身に付けること。
(ｱ) 簡単な場合について,比例の関係があることを知ること。
イ 次のような思考力,判断力,表現力等を身に付けること。
(ｱ) 伴って変わる二つの数量を見いだして,それらの関係に着目し,表や式を用いて変化や対応の特徴を考察すること。
(2) 異種の二つの量の割合として捉えられる数量に関わる数学的活動を通して,次の事項を身に付けることができるよう指導する。
ア 次のような知識及び技能を身に付けること。
(ｱ) 速さなど単位量当たりの大きさの意味及び表し方について理解し,それを求めること。
イ 次のような思考力,判断力,表現力等を身に付けること。
(ｱ) 異種の二つの量の割合として捉えられる数量の関係に着目し,目的に応じて大きさを比べたり表現したりする方法を考察し,それらを日常生活に生かすこと。
(3) 二つの数量の関係に関わる数学的活動を通して,次の事項を身に付けることができるよう指導する。
ア 次のような知識及び技能を身に付けること。
(ｱ) ある二つの数量の関係と別の二つの数量の関係とを比べる場合に割合を用いる場合があることを理解すること。
(ｲ) 百分率を用いた表し方を理解し,割合などを求めること。
イ 次のような思考力,判断力,表現力等を身に付けること。
(ｱ) 日常の事象における数量の関係に着目し,図や式などを用いて,ある二つの数量の関係と別の二つの数量の関係との比べ方を考察し,それを日常生活に生かすこと。

D データの活用
(1) データの収集とその分析に関わる数学的活動を通して,次の事項を身に付けることができるよう指導する。
ア 次のような知識及び技能を身に付けること。
(ｱ) 円グラフや帯グラフの特徴とそれらの用い方を理解すること。
(ｲ) データの収集や適切な手法の選択など統計的な問題解決の方法を知ること。
イ 次のような思考力,判断力,表現力等を身に付けること。
(ｱ) 目的に応じてデータを集めて分類整理し,データの特徴や傾向に着目し,問題を解決するために適切なグラフを選択して判断し,その結論について多面的に捉え考察すること。
(2) 測定した結果を平均する方法に関わる数学的活動を通して,次の事項を身に付けることができるよう指導する。
ア 次のような知識及び技能を身に付けること。
(ｱ) 平均の意味について理解すること。

イ　次のような思考力，判断力，表現力等を身に付けること。
　　　㋐　概括的に捉えることに着目し，測定した結果を平均する方法について考察し，それを学習や日常生活に生かすこと。

〔数学的活動〕
　(1)　内容の「A数と計算」，「B図形」，「C変化と関係」及び「Dデータの活用」に示す学習については，次のような数学的活動に取り組むものとする。
　　ア　日常の事象から算数の問題を見いだして解決し，結果を確かめたり，日常生活等に生かしたりする活動
　　イ　算数の学習場面から算数の問題を見いだして解決し，結果を確かめたり，発展的に考察したりする活動
　　ウ　問題解決の過程や結果を，図や式などを用いて数学的に表現し伝え合う活動

〔用語・記号〕
　　最大公約数　最小公倍数　通分　約分　底面　側面　比例　％

3　内容の取扱い
　(1)　内容の「A数と計算」の(1)のアの(イ)については，最大公約数や最小公倍数を形式的に求めることに偏ることなく，具体的な場面に即して取り扱うものとする。
　(2)　内容の「B図形」の(1)については，平面を合同な図形で敷き詰めるなどの操作的な活動を重視するよう配慮するものとする。
　(3)　内容の「B図形」の(1)のアの(エ)については，円周率は3.14を用いるものとする。
　(4)　内容の「C変化と関係」の(3)のアの(イ)については，歩合の表し方について触れるものとする。
　(5)　内容の「Dデータの活用」の(1)については，複数の帯グラフを比べることにも触れるものとする。

〔第6学年〕
1　目　標
　(1)　分数の計算の意味，文字を用いた式，図形の意味，図形の体積，比例，度数分布を表す表などについて理解するとともに，分数の計算をしたり，図形を構成したり，図形の面積や体積を求めたり，表やグラフに表したりすることなどについての技能を身に付けるようにする。
　(2)　数とその表現や計算の意味に着目し，発展的に考察して問題を見いだすとともに，目的に応じて多様な表現方法を用いながら数の表し方や計算の仕方などを考察する力，図形を構成する要素や図形間の関係などに着目し，図形の性質や図形の計量について考察する力，伴って変わる二つの数量やそれらの関係に着目し，変化や対応の特徴を見いだして，二つの数量の関係を表や式，グラフを用いて考察する力，身の回りの事象から設定した問題について，目的に応じてデータを収集し，データの特徴や傾向に着目して適切な手法を選択して分析を行い，それらを用いて問題解決したり，解決の過程や結果を批判的に考察したりする力などを養う。
　(3)　数学的に表現・処理したことを振り返り，多面的に捉え検討してよりよいものを求

めて粘り強く考える態度，数学のよさに気付き学習したことを生活や学習に活用しようとする態度を養う。

2　内　容

A　数と計算

(1) 分数の乗法及び除法に関わる数学的活動を通して，次の事項を身に付けることができるよう指導する。

　ア　次のような知識及び技能を身に付けること。

　　(ｱ) 乗数や除数が整数や分数である場合も含めて，分数の乗法及び除法の意味について理解すること。

　　(ｲ) 分数の乗法及び除法の計算ができること。

　　(ｳ) 分数の乗法及び除法についても，整数の場合と同じ関係や法則が成り立つことを理解すること。

　イ　次のような思考力，判断力，表現力等を身に付けること。

　　(ｱ) 数の意味と表現，計算について成り立つ性質に着目し，計算の仕方を多面的に捉え考えること。

(2) 数量の関係を表す式に関わる数学的活動を通して，次の事項を身に付けることができるよう指導する。

　ア　次のような知識及び技能を身に付けること。

　　(ｱ) 数量を表す言葉や□，△などの代わりに，a, x などの文字を用いて式に表したり，文字に数を当てはめて調べたりすること。

　イ　次のような思考力，判断力，表現力等を身に付けること。

　　(ｱ) 問題場面の数量の関係に着目し，数量の関係を簡潔かつ一般的に表現したり，式の意味を読み取ったりすること。

B　図形

(1) 平面図形に関わる数学的活動を通して，次の事項を身に付けることができるよう指導する。

　ア　次のような知識及び技能を身に付けること。

　　(ｱ) 縮図や拡大図について理解すること。

　　(ｲ) 対称な図形について理解すること。

　イ　次のような思考力，判断力，表現力等を身に付けること。

　　(ｱ) 図形を構成する要素及び図形間の関係に着目し，構成の仕方を考察したり図形の性質を見いだしたりするとともに，その性質を基に既習の図形を捉え直したり日常生活に生かしたりすること。

(2) 身の回りにある形の概形やおよその面積などに関わる数学的活動を通して，次の事項を身に付けることができるよう指導する。

　ア　次のような知識及び技能を身に付けること。

　　(ｱ) 身の回りにある形について，その概形を捉え，およその面積などを求めること。

　イ　次のような思考力，判断力，表現力等を身に付けること。

　　(ｱ) 図形を構成する要素や性質に着目し，筋道を立てて面積などの求め方を考え，それを日常生活に生かすこと。

(3) 平面図形の面積に関わる数学的活動を通して，次の事項を身に付けることができるよう指導する。

ア　次のような知識及び技能を身に付けること。
　　　(ｱ)　円の面積の計算による求め方について理解すること。
　　イ　次のような思考力，判断力，表現力等を身に付けること。
　　　(ｱ)　図形を構成する要素などに着目し，基本的な図形の面積の求め方を見いだすとともに，その表現を振り返り，簡潔かつ的確な表現に高め，公式として導くこと。
　(4)　立体図形の体積に関わる数学的活動を通して，次の事項を身に付けることができるよう指導する。
　　ア　次のような知識及び技能を身に付けること。
　　　(ｱ)　基本的な角柱及び円柱の体積の計算による求め方について理解すること。
　　イ　次のような思考力，判断力，表現力等を身に付けること。
　　　(ｱ)　図形を構成する要素に着目し，基本図形の体積の求め方を見いだすとともに，その表現を振り返り，簡潔かつ的確な表現に高め，公式として導くこと。

C　変化と関係
　(1)　伴って変わる二つの数量に関わる数学的活動を通して，次の事項を身に付けることができるよう指導する。
　　ア　次のような知識及び技能を身に付けること。
　　　(ｱ)　比例の関係の意味や性質を理解すること。
　　　(ｲ)　比例の関係を用いた問題解決の方法について知ること。
　　　(ｳ)　反比例の関係について知ること。
　　イ　次のような思考力，判断力，表現力等を身に付けること。
　　　(ｱ)　伴って変わる二つの数量を見いだして，それらの関係に着目し，目的に応じて表や式，グラフを用いてそれらの関係を表現して，変化や対応の特徴を見いだすとともに，それらを日常生活に生かすこと。
　(2)　二つの数量の関係に関わる数学的活動を通して，次の事項を身に付けることができるよう指導する。
　　ア　次のような知識及び技能を身に付けること。
　　　(ｱ)　比の意味や表し方を理解し，数量の関係を比で表したり，等しい比をつくったりすること。
　　イ　次のような思考力，判断力，表現力等を身に付けること。
　　　(ｱ)　日常の事象における数量の関係に着目し，図や式などを用いて数量の関係の比べ方を考察し，それを日常生活に生かすこと。

D　データの活用
　(1)　データの収集とその分析に関わる数学的活動を通して，次の事項を身に付けることができるよう指導する。
　　ア　次のような知識及び技能を身に付けること。
　　　(ｱ)　代表値の意味や求め方を理解すること。
　　　(ｲ)　度数分布を表す表やグラフの特徴及びそれらの用い方を理解すること。
　　　(ｳ)　目的に応じてデータを収集したり適切な手法を選択したりするなど，統計的な問題解決の方法を知ること。
　　イ　次のような思考力，判断力，表現力等を身に付けること。
　　　(ｱ)　目的に応じてデータを集めて分類整理し，データの特徴や傾向に着目し，代表

資料

値などを用いて問題の結論について判断するとともに，その妥当性について批判的に考察すること。
(2) 起こり得る場合に関わる数学的活動を通して，次の事項を身に付けることができるよう指導する。
　ア　次のような知識及び技能を身に付けること。
　　(ｱ)　起こり得る場合を順序よく整理するための図や表などの用い方を知ること。
　イ　次のような思考力，判断力，表現力等を身に付けること。
　　(ｱ)　事象の特徴に着目し，順序よく整理する観点を決めて，落ちや重なりなく調べる方法を考察すること。

〔数学的活動〕
(1) 内容の「A数と計算」，「B図形」，「C変化と関係」及び「Dデータの活用」に示す学習については，次のような数学的活動に取り組むものとする。
　ア　日常の事象を数理的に捉え問題を見いだして解決し，解決過程を振り返り，結果や方法を改善したり，日常生活等に生かしたりする活動
　イ　算数の学習場面から算数の問題を見いだして解決し，解決過程を振り返り統合的・発展的に考察する活動
　ウ　問題解決の過程や結果を，目的に応じて図や式などを用いて数学的に表現し伝え合う活動

〔用語・記号〕
　線対称　点対称　対称の軸　対称の中心　比の値　ドットプロット
　平均値　中央値　最頻値　階級　：

3　内容の取扱い
(1) 内容の「A数と計算」の(1)については，逆数を用いて除法を乗法の計算としてみることや，整数や小数の乗法や除法を分数の場合の計算にまとめることも取り扱うものとする。
(2) 内容の「A数と計算」の(1)については，第3学年から第6学年までに示す小数や分数の計算の能力を定着させ，それらを用いる能力を伸ばすことに配慮するものとする。
(3) 内容の「B図形」の(3)のアの(ｱ)については，円周率は3.14を用いるものとする。

第3　指導計画の作成と内容の取扱い
1　指導計画の作成に当たっては，次の事項に配慮するものとする。
(1) 単元など内容や時間のまとまりを見通して，その中で育む資質・能力の育成に向けて，数学的活動を通して，児童の主体的・対話的で深い学びの実現を図るようにすること。その際，数学的な見方・考え方を働かせながら，日常の事象を数理的に捉え，算数の問題を見いだし，問題を自立的，協働的に解決し，学習の過程を振り返り，概念を形成するなどの学習の充実を図ること。
(2) 第2の各学年の内容は，次の学年以降においても必要に応じて継続して指導すること。数量や図形についての基礎的な能力の習熟や維持を図るため，適宜練習の機会

を設けて計画的に指導すること。なお，その際，第1章総則の第2の3の(2)のウの(イ)に掲げる指導を行う場合には，当該指導のねらいを明確にするとともに，単元など内容や時間のまとまりを見通して資質・能力が偏りなく育成されるよう計画的に指導すること。また，学年間の指導内容を円滑に接続させるため，適切な反復による学習指導を進めるようにすること。
(3) 第2の各学年の内容の「A数と計算」，「B図形」，「C測定」，「C変化と関係」及び「Dデータの活用」の間の指導の関連を図ること。
(4) 低学年においては，第1章総則の第2の4の(1)を踏まえ，他教科等との関連を積極的に図り，指導の効果を高めるようにするとともに，幼稚園教育要領等に示す幼児期の終わりまでに育ってほしい姿との関連を考慮すること。特に，小学校入学当初においては，生活科を中心とした合科的・関連的な指導や，弾力的な時間割の設定を行うなどの工夫をすること。
(5) 障害のある児童などについては，学習活動を行う場合に生じる困難さに応じた指導内容や指導方法の工夫を計画的，組織的に行うこと。
(6) 第1章総則の第1の2の(2)に示す道徳教育の目標に基づき，道徳科などとの関連を考慮しながら，第3章特別の教科道徳の第2に示す内容について，算数科の特質に応じて適切な指導をすること。

2 第2の内容の取扱いについては，次の事項に配慮するものとする。
(1) 思考力，判断力，表現力等を育成するため，各学年の内容の指導に当たっては，具体物，図，言葉，数，式，表，グラフなどを用いて考えたり，説明したり，互いに自分の考えを表現し伝え合ったり，学び合ったり，高め合ったりするなどの学習活動を積極的に取り入れるようにすること。
(2) 数量や図形についての感覚を豊かにしたり，表やグラフを用いて表現する力を高めたりするなどのため，必要な場面においてコンピュータなどを適切に活用すること。また，第1章総則の第3の1の(3)のイに掲げるプログラミングを体験しながら論理的思考力を身に付けるための活動を行う場合には，児童の負担に配慮しつつ，例えば第2の各学年の内容の〔第5学年〕の「B図形」の(1)における正多角形の作図を行う学習に関連して，正確な繰り返し作業を行う必要があり，更に一部を変えることでいろいろな正多角形を同様に考えることができる場面などで取り扱うこと。
(3) 各領域の指導に当たっては，具体物を操作したり，日常の事象を観察したり，児童にとって身近な算数の問題を解決したりするなどの具体的な体験を伴う学習を通して，数量や図形について実感を伴った理解をしたり，算数を学ぶ意義を実感したりする機会を設けること。
(4) 第2の各学年の内容に示す〔用語・記号〕は，当該学年で取り上げる内容の程度や範囲を明確にするために示したものであり，その指導に当たっては，各学年の内容と密接に関連させて取り上げるようにし，それらを用いて表したり考えたりすることのよさが分かるようにすること。
(5) 数量や図形についての豊かな感覚を育てるとともに，およその大きさや形を捉え，それらに基づいて適切に判断したり，能率的な処理の仕方を考え出したりすることができるようにすること。
(6) 筆算による計算の技能を確実に身に付けることを重視するとともに，目的に応じて計算の結果の見積りをして，計算の仕方や結果について適切に判断できるようにす

ること。また，低学年の「A数と計算」の指導に当たっては，そろばんや具体物などの教具を適宜用いて，数と計算についての意味の理解を深めるよう留意すること。

3 数学的活動の取組においては，次の事項に配慮するものとする。
(1) 数学的活動は，基礎的・基本的な知識及び技能を確実に身に付けたり，思考力，判断力，表現力等を高めたり，算数を学ぶことの楽しさや意義を実感したりするために，重要な役割を果たすものであることから，各学年の内容の「A数と計算」，「B図形」，「C測定」，「C変化と関係」及び「Dデータの活用」に示す事項については，数学的活動を通して指導するようにすること。
(2) 数学的活動を楽しめるようにする機会を設けること。
(3) 算数の問題を解決する方法を理解するとともに，自ら問題を見いだし，解決するための構想を立て，実践し，その結果を評価・改善する機会を設けること。
(4) 具体物，図，数，式，表，グラフ相互の関連を図る機会を設けること。
(5) 友達と考えを伝え合うことで学び合ったり，学習の過程と成果を振り返り，よりよく問題解決できたことを実感したりする機会を設けること。

索　引

あ行

アクティブ・ラーニング　p27, 52, 53, 55-57, 59, 62-64, 66, 80, 81, 133

暗算　p38, 39

1対1の対応　p39

一般化　p33, 35

意欲　p28, 129, 150, 151, 159, 160

演繹的な考え　p31, 32, 35, 36, 73, 74

円　p70, 72, 75, 77, 171

演算　p33, 57, 100, 145, 146, 170, 171

重さ　p58, 83, 84, 88, 92, 148

か行

角の大きさ　p32, 70, 74, 75, 79

かけ算　p10, 44, 47, 57, 152

加法　p33, 34, 38, 44, 45, 48, 51-53, 57, 60, 62, 63, 158, 160, 162

感覚　p12, 38, 43, 69, 83, 92, 125, 150, 180

関心　p13, 28, 150, 151, 159

関数　p11, 30, 94, 95, 97, 103

考える力　p59, 117

学習指導案　p129, 134, 137, 154, 157, 167

記数法　p41, 48

帰納的な考え　p31, 35, 36, 73, 74

教育基本法　p8

グラフ
　p5, 10, 20, 22, 29, 31, 95, 96, 103, 104, 106-109, 111-116, 122, 124, 127, 176, 177

黒表紙　p6, 7
現代化　p5, 11, 16
減法　p34, 38, 44, 45, 48, 51-53, 57, 60, 62, 63, 158, 160, 162
国際単位系　p92, 93, 176
合同　p13, 32, 70, 73, 75, 175

さ行

三角形　p32, 70, 72-76, 78-81, 174
敷き詰め　p73, 77
資質・能力
　p1, 15-19, 22-28, 71, 94, 95, 105, 106, 119, 127-129, 132, 134, 135, 140, 141, 151-154, 179,
集合　p11, 12, 32, 33, 41, 72
主体的な学び　p21, 52, 55, 56, 66, 126, 135
主体的・対話的で深い学び
　p18-20, 22, 80, 81, 125, 133-135, 137-139, 141, 142, 152, 154
十進位取り記数法　p38, 41, 48, 51, 61, 63, 170
乗法　p33, 34, 38, 44, 46, 47, 49, 51, 53, 55, 57, 60, 99, 158
推論　p26
数学的活動　p15, 16, 19-26, 34, 43, 47, 111, 117-128, 129, 139, 151, 153, 158, 173
数学的リテラシー　p178
数詞　p39,
数字　p4, 39-41, 144, 170
数直線　p11, 40, 58, 59, 63, 65, 67, 100, 102, 104, 109, 144, 145, 148, 149, 158-164, 166, 172
全国学力・学習状況調査　p101, 113, 178

た行

体積　p69, 73-75, 84

対話的な学び　p21, 56, 57, 59, 62, 63, 66, 122, 126, 136, 145

多角形　p70, 173, 174, 180

たし算　p44-46, 48, 63, 151, 159, 160, 162-166

直線　p72, 73, 75, 79, 89, 104, 160, 172-174, 176

定義　p72, 99, 102, 103, 118-120, 171, 173, 174, 176

展開図　p70, 175

等分除　p47, 48, 50

読解力　p178

度量衡　p6

は行

発問　p35, 136, 146, 147, 157

速さ　p15, 84, 98, 101, 102, 165, 171

ひき算　p44-46, 48, 63, 159, 162

筆算　p47-50, 52, 54, 55, 170, 180

表　p5, 10, 20, 22, 29, 31, 35, 46, 95-97, 102, 103, 106-109, 111, 112, 122, 127, 156

評価　p9, 14, 18, 23, 24, 28, 122, 126, 132, 139-142, 149-152, 155, 157, 158, 161, 162-164, 178

評価規準　p150, 152, 155

深い学び　p18-22, 53, 55-57, 59, 63, 64, 66, 80, 81, 120-122, 125, 126, 133-139, 141, 142, 152, 154

平行四辺形　p33, 70, 72, 74, 76, 79, 81

平面　p72, 77, 90, 174, 175

平面図形　p70, 72, 74, 75, 78

辺の長さ　p32, 33, 79

包含除　p47, 50

包摂関係　p33

ま行

見取図　p70, 175
緑表紙　p6-8, 10
命数法　p41
面積　p59, 69, 70, 73-76, 81, 84, 171
文字　p175, 176, 180
問題解決
　　p16, 20-22, 24-26, 29, 31, 34, 35, 94-97, 99, 106, 107, 111, 112, 120-127, 133, 134, 137, 140, 141, 143, 145-148, 151, 153, 157, 160, 166,
問題づくり　p81

ら行

立式　p52, 57, 58, 146, 163
立体図形　p70, 74
リテラシー　p178
類推的な考え　p31, 32, 35, 36, 73, 74

わ行

和　p40, 44, 73, 74, 79, 85, 96, 97, 162
割合　p10, 14, 58, 61, 84, 95, 97-102, 104, 108, 109, 113, 124, 125, 175
わり算　p44, 57, 64, 152

引用・参考文献

(第1章 第1節)
塩野先生追想集刊行委員会（1982），『随流導流』，新興出版社啓林館．松原元一（1983），『日本数学教育史Ⅱ算数編（2）』，風間書房．
文部省（1960），『小学校算数指導書』，大日本図書．
文部省（1969），『小学校指導書算数編』，大阪書籍．
文部省（1978），『小学校指導書算数編』，大阪書籍．
文部省（1989），『小学校指導書算数編』，東洋館出版社．
文部省（1998），『小学校学習指導要領解説 算数編』，東洋館出版社．
文部科学省（2008），『小学校学習指導要領解説 算数編』，東洋館出版社．
文部科学省（2017），『小学校学習指導要領解説 算数編』，日本文教出版．

(第1章 第2節)
文部科学省（2017），『小学校学習指導要領解説 算数編』，日本文教出版．
文部省（1958），『小学校学習指導要領』．
文部省（1968），『小学校学習指導要領』．
文部省（1977），『小学校学習指導要領』．
文部省（1989），『小学校学習指導要領』．
文部省（1998），『小学校学習指導要領』．
文部科学省（2008），『小学校学習指導要』．
中央教育審議会（2016），「幼稚園，小学校，中学校，高等学校及び特別支援学校の学習指導要領等の改善及び必要な方策等について（答申）」．

(第1章 第3節)
文部科学省（2017），『小学校学習指導要領解説 算数編』，日本文教出版．
教育課程部会（2016），「次期学習指導要領等に向けたこれまでの審議のまとめ」．
中島健三（1982），『算数・数学教育と数学的な考え方－その進展のための考察－』，金子書房．
片桐重男（1988），『数学的な考え方の具体化』，明治図書．
佐藤学・重松敬一・赤井利行・杜威・新木伸次・椎名美穂子（2017），「学習者が発展的に考えることを支援するモデルプレートの開発とその検証」，日本数学教育学会，数学教育学論究，99 巻，臨時増刊号，pp.9 ～ 16

(第2章 第1節)
日本数学教育学会編（2009），『算数教育指導用語辞典 第四版』，教育出版．
啓林館（2012），『わくわく算数「算数用語とその指導のポイント集」』．
文部科学省（2017），『小学校学習指導要領解説 算数編』，日本文教出版．

(第2章 第2節)
文部科学省（2017），『小学校学習指導要領解説 算数編』，日本文教出版．

(第2章 第3節)
文部科学省（2017），『小学校学習指導要領解説 算数編』，日本文教出版．

(第2章 第4節)
池田敏和（2017），「新学習指導要領のキーワード」，新しい算数研究 №.561，pp.28-29，東洋館出版社．
片桐重男（1995），『数学的な考え方を育てるねらいと評価』，明治図書．
片桐重雄（2001），『算数科の指導内容の体系』，東洋館出版社．
算数教育研究会（2001），『新版 算数教育の理論と実際』，聖文社．
算数教育研究会（2010），『新訂 算数教育の理論と実際』，聖文社．
杉山吉茂（2008），『初等科数学科教育学序説』，東洋館出版社．
中原忠男編（2000），『算数・数学科 重要用語300の基礎知識』，明治図書．
日本数学教育学会編（2009），『算数教育指導用語辞典 第四版』，教育出版．
平岡忠雄（1995），『小学校算数実践指導全集 6図形に親しみ楽しい平面図形の指導』，日本教育図書センター．
文部科学省（2017），『小学校学習指導要領解説 算数編』，日本文教出版．

(第2章 第5節)
佐藤俊太郎（1981），『ピアジェを算数指導にどう生かすか』，明治図書．
（独）産業技術総合研究所 計量標準総合センター（2006），『国際単位系（SI）国際文書第8版（2006）』．
日本数学教育学会編（2009），『算数教育指導用語辞典 第四版』，教育出版．
啓林館（2012），『わくわく算数「算数用語とその指導のポイント集」』．
文部科学省（2017），『小学校学習指導要領解説 算数編』，日本文教出版．

(第2章 第6節)
文部科学省（2017），『小学校学習指導要領解説 算数編』，日本文教出版．
志水廣・一ノ瀬喜子・黒﨑東洋郎・小西豊文・杉野裕子・鈴木将史（2009），『小学校算数科の指導』，建帛社．
数学教育研究会，『算数教育の理論と実際』，聖文新社．
椎名美穂子（2018），「特別公開授業第4学年『変わり方』」，新しい算数研究，№.565，pp.119-121，東洋館出版社．
山口武志（2018），「論説『変化と関係』領域における教材と授業づくり－数学的な見方・考え方をどう捉えるか－」，新しい算数研究，№.565，pp.4-7，東洋館出版社．

(第2章 第7節)
中央教育審議会（2016），「幼稚園，小学校，中学校，高等学校及び特別支援学校の学習指導要領等の改善及び必要な方策について（答申）」．
http://www.mext.go.jp/b_menu/shingi/chukyo/chukyo0/toushin/1380731.htm
国立教育政策研究所教育課程研究センター（2008），「平成20年度全国学力・学習状況調査解説資料小学校算数」．
http://www.nier.go.jp/08tyousa/08tyousa.htm
国立教育政策研究所教育課程研究センター（2016），「平成28年度全国学力・学習状況調査

解説資料中学校数学」．
http://www.nier.go.jp/16chousa/16chousa.htm
教育課程部会算数・数学ワーキンググループ（2016），「算数・数学ワーキンググループにおける審議の取りまとめ」．
http://www.mext.go.jp/b_menu/shingi/chukyo/chukyo3/073/sonota/1376993.htm
文部科学省（2017），『小学校学習指導要領解説 算数編』，日本文教出版．
清水静海ほか（2014），『わくわく算数5』（平成26年2月検定済），新興出版社啓林館．

（第2章 第8節）
文部科学省（2017），『小学校学習指導要領解説 算数編』，日本文教出版．
文部科学省（2014），「育成すべき資質・能力を踏まえた教育目標・内容と評価の在り方に関する検討会―論点整理―」

（第3章 第1節）
R.M ガニェ他（2007），鈴木克明・岩崎信監訳，『インストラクショナルデザインの原理』，北大路書房．
J.M ケラー（2010），「学習意欲をデザインする」，北大路書房．
G. ポリア（1975），柿内賢信訳，『いかにして問題をとくか』追補版，丸善．
中村享史（1989），「数学的な考え方を 伸ばす学習感想の在り方あり方―第4学年面積の指導を中心に」，日本数学教育学会誌，算数教育第71巻第2号，pp.14―21．
中村享史（2008），『数学的な思考力・表現力を伸ばす算数授業』，明治図書．

（第3章 第2節）
文部科学省（2017），『小学校学習指導要領』，東洋館出版社．
文部科学省（2017），『小学校学習指導要領解説 算数編』，日本文教出版．
岡本真彦（1999），『算数文章題の解決におけるメタ認知の研究』，風間書房．
G. ポリア（1975），柿内賢信訳，『いかにして問題をとくか』追補版，丸善．

（第3章 第3節）
金本良通（1998），『数学的コミュニケーション能力の育成』，明治図書．
梶田叡一編（2015），『実践的思考力・課題解決力を鍛える』，金子書房．
金本良通・赤井利行・池野正晴・黒崎東洋郎（2017），『算数科 深い学びを実現させる理論と実践』，東洋館出版社．
文部科学省（2017），『小学校学習指導要領解説 算数編』，日本文教出版．

[執筆者一覧]　　　　　　　　　　　　　　　　　　　執筆箇所

赤井利行（大阪総合保育大学）……………………はじめに, 第 1 章 -1,2
佐藤　学（秋田大学）………………………………第 1 章 -3, 第 2 章 -6
杉能道明（ノートルダム清心女子大学）…………第 2 章 -1,5
滝井　章（都留文科大学 就任予定）………………第 2 章 -2,3
今崎　浩（広島文教女子大学）……………………第 2 章 -4, 用語・記号
新木伸次（国士舘大学）……………………………第 2 章 -7
亀岡正睦（京都文教大学）…………………………第 2 章 -8, 第 3 章 -1
山本景一（桃山学院教育大学）……………………第 3 章 -2
藤田英治（太成学院大学）…………………………第 3 章 -3

わかる算数科指導法
改訂版

2018（平成30）年 3 月30日　初版第1刷発行
2023（令和 5 ）年 4 月17日　初版第3刷発行

［編著者］赤井利行
［執筆者］新木伸次・今崎 浩・亀岡正睦
　　　　　佐藤 学・杉能道明・滝井 章
　　　　　藤田英治・山本景一
［発行者］錦織圭之介
［発行所］株式会社 東洋館出版社
　　　　　〒101-0054
　　　　　東京都千代田区神田錦町2丁目9番地1号
　　　　　　　　　　コンフォール安田ビル2階
　　　　　（代　表）電話03-6778-4343　FAX03-5281-8091
　　　　　（営業部）電話03-6778-7278　FAX03-5281-8092
　　　　　振替 00180-7-96823
　　　　　URL https://www.toyokan.co.jp

［装　幀］水戸部 功
［印刷・製本］藤原印刷株式会社

ISBN 978-4-491-03504-8　　Printed in Japan